Bank- und finanzwirtschaftliche Abhandlungen
Herausgegeben von Prof. Dr. W. Prion, Köln
Zweites Heft

Der Filialbetrieb der deutschen Kreditbanken

Von

Dr. Math. Göbbels
Diplom-Kaufmann

Springer-Verlag Berlin Heidelberg GmbH 1923

ISBN 978-3-662-42305-9 ISBN 978-3-662-42574-9 (eBook)
DOI 10.1007/978-3-662-42574-9
Softcover reprint of the hardcover 1st edition 1923

Vorwort.

Der Zweck dieser Ausführungen besteht in dem Versuch einer vergleichenden und kritischen Darstellung der Grundsätze des Filialbetriebs der deutschen Kreditbanken. Auf den ersten Blick scheint der nächstliegende Weg zu diesem Ziel der zu sein, zunächst eine monographieartige Schilderung des Filialbetriebs verschiedener Kreditbanken zu geben, um alsdann das Gleichartige oder Verschiedene hervorzuheben. Leider besitzen wir außer einigen wenigen Arbeiten keinerlei Literatur, die den Filialbetrieb einzelner Kreditbanken unter gleichmäßiger Beachtung derselben Gesichtspunkte in dieser Weise im Zusammenhang schildert. Da es mir unmöglich war, einen erschöpfenden Einblick in alle Einzelheiten des Filialbetriebs mehrerer Kreditbanken zu gewinnen, habe ich davon Abstand genommen, zunächst mehrere monographieartige Schilderungen des Filialbetriebs bestimmter Kreditbanken zu geben. Es blieb mir kein anderer Weg, als auf Grund eigener praktischer Erfahrung im Bankbetrieb und auf Grund von Nachforschungen bei einer Anzahl von Kreditbanken unter Heranziehung der auf diesem Gebiet spärlich vorhandenen Literatur die Hauptgesichtspunkte der Organisation des Filialbetriebs der deutschen Kreditbanken darzustellen. Es ist also keineswegs der Fall, daß sämtliche hier dargestellten Einrichtungen bei allen Kreditbanken vorhanden sind; in der Regel ist zwar das Typische und Normale geschildert, bisweilen sind aber auch weniger häufig vorkommende Organisationsformen erwähnt. Im großen und ganzen also sind in dieser Abhandlung bei überwiegend betriebspolitischer Einstellung die allgemeinen Grundsätze, nach denen die Organisation des Filialbetriebs der deutschen Kreditbanken gestaltet ist, niedergelegt, ohne daß auf die spezielle Darstellung des Filialbetriebs einer bestimmten Kreditbank eingegangen worden ist.

Bonn, den 15. September 1923.

Dr. M. Göbbels.

Inhaltsverzeichnis.

Literaturverzeichnis.

Beuck, W.: Steuerlich zweckmäßige Gesellschaftsformen. Berlin 1921.

Bosenik, A.: Neudeutsche gemischte Bankwirtschaft. München und Berlin 1912.

Buchwald: Die Technik des Bankbetriebes. 2. Aufl. Berlin 1910.

Hertlein, A.: Die Statistik im Dienste der Bankorganisation. Leipzig 1920.

Hirsch, S.: Die Bank, ihre Geschäftszweige und Einrichtungen. Berlin 1910.

Jaffé, F.: Das englische Bankwesen. (Staats- und sozialwissenschaftliche Forschungen Bd. 23, Heft 4.) Leipzig 1904.

— Das englische, amerikanische und das französische Bankwesen. (Grundriß der Sozialökonomie, V. Abt., II. Teil.) Tübingen 1915.

Käferlein: Der Bankkredit und seine Sicherungen. Nürnberg 1919.

Kaufmann, F.: Das französische Bankwesen. (Archiv für Sozialwissenschaft und Sozialpolitik Ergänzungsheft 1.) Tübingen 1911.

Klinker, Fr. W.: Studien zur Entwicklung und Typenbildung von 4 rheinisch-westfälischen Provinzaktienbanken. Karlsruhe 1913.

Loeb, Ernst: Die Berliner Großbanken in den Jahren 1895—1902 und die Krisis der Jahre 1900 und 1901. (Schriften des Vereins für Sozialpolitik Bd. 110.) Leipzig 1903.

Obst, Georg: Geld-, Bank- und Börsenwesen. 6. Aufl. Leipzig 1910.

— Das Bankgeschäft. 2 Bände. Leipzig 1914.

Prion, W.: Die deutschen Kreditbanken im Kriege und nachher. (Finanz- und volkswirtschaftliche Zeitfragen Heft 44.) Stuttgart 1917.

Porges, Rehmer und Schach: Bankenorganisation. Leipzig 1911.

von Schulze-Gaevernitz: Bankwesen. (Grundriß der Sozialökonomie, V. Abt., II. Teil.) Tübingen 1915.

Steinbach, R.: Die Verwaltungskosten der Berliner Großbanken. Leipzig 1905.

Strauch, M.: Bankpraxis. 2. Aufl. Stuttgart 1918.

Tischert, G.: Filialsystem und Zentralisation im Bankwesen. (Bankarchiv 2. Jahrgang.)

Ulrich, F.: Depositenbanken als Grundlage des Scheckverkehrs. Berlin 1908.

Weber, Adolf: Depositenbanken und Spekulationsbanken. Leipzig 1902.

— Die rheinisch-westfälischen Provinzialbanken und die Krisis. (Schriften des Vereins für Sozialpolitik Bd. 110.) Leipzig 1903.

Wiernik, L.: Die Depositenkasse. Berlin 1912.

Zeitschriften:

Zeitschrift für handelswissenschaftliche Forschung.

Zeitschrift für Handelswissenschaft und Handelspraxis.

Handelsteil der Kölnischen Zeitung und der Frankfurter Zeitung.

Einleitung.

Die Dezentralisation im deutschen Kreditbankwesen vollzieht sich in verschiedenen Formen. Die älteste Form, die besonders von der Darmstädter Bank schon um die Mitte des 19. Jahrhunderts angewandt worden ist, um ihre Interessen an auswärtigen Plätzen zu vertreten, ist die der Kommandite. Sie ist an sich am einfachsten und bietet keine besonderen organisatorischen Schwierigkeiten, da an dem kommanditierten Bankgeschäft nach außen keinerlei Änderung eintritt. Die Firma wird unter dem alten Namen weitergeführt mit dem Zusatz Kommanditgesellschaft. Die Geschäftsinhaber (Komplementäre) haften unbeschränkt; dagegen ist die Haftung des Kommanditisten auf den Betrag seiner Einlage beschränkt.

Und doch war die Errichtung von Kommanditen nur ein Ausweg. Von jeher wurde die Gründung von Filialen als erstrebenswert angesehen; sie scheiterte jedoch zur Zeit des Konzessionierungszwanges der Aktiengesellschaften an dem Widerstand der Regierungen in Deutschland. Zwar sind auch heute die kommanditarischen Beteiligungen der Kredit-Aktienbanken an Privatbankgeschäften nicht selten; aber sie bilden in der Regel nur eine Vorstufe zur späteren Umwandlung der Kommandite in eine Filiale. Es ist einleuchtend, daß die Errichtung von Kommanditen für eine Aktienbank nur Mittel zum Zweck, nicht aber Endzweck sein kann; denn Name, Kapitalgröße, Anzahl der Filialen usw. sind für den Erfolg einer Kreditbank der Werbekraft wegen von erheblicher Bedeutung. Die Kommandite wirkt aber nicht direkt werbend für die Kreditbank; sie hat nur einen Bruchteil der Bedeutung, die eine gleichartige und gleichgroße Filiale haben würde. Zudem sind ihre Nachteile nicht gering einzuschätzen. Diese liegen in der Hauptsache auf dem Gebiet der Kontrolle und dem der einheitlichen Leitung. Die Beziehungen zwischen dem Privatbankier (Komplementär) und der Kreditbank (Kommanditist) können zwar in dem Gesellschaftsvertrag nach freiem Ermessen der Parteien geregelt werden, so daß die Kommandite nicht mehr Selbständigkeit als eine Filiale zu haben braucht; es unterliegt aber keinem Zweifel, daß einem Privatbankier mit ganz anderer Rücksichtnahme begegnet werden muß als einem Filialleiter, der im Angestelltenverhältnis steht, und daß ein Privatbankier sich nicht so leicht in seiner Geschäftsführung Vorschriften machen läßt.

Die Verhältnisse liegen meist so, daß ein Privatbankier sich nur dann Kontrollmaßnahmen und engere Vorschriften über die Geschäftspolitik gefallen läßt, wenn er die Hilfe einer Kreditbank braucht, d. h. wenn die Geschäftslage nicht besonders gut ist. Eine allgemeine Beurteilung des Abhängigkeitsverhältnisses der Kommanditen zu den Kreditbanken ist nicht möglich, da die Beziehungen ganz verschieden geregelt sein können und die Gesellschaftsverträge natürlich geheim gehalten werden.

Die Erfahrungen, die man, besonders in Krisenzeiten, mit Kommanditen gemacht hat, sind nicht immer günstig gewesen. Die kommanditarische Beteiligung in der Absicht, zur gegebenen Zeit die Umwandlung in eine Filiale zu vollziehen, hat sich jedoch als vorteilhaft erwiesen, da die Neugründung von Filialen erhebliche Schwierigkeiten macht und zudem neugegründete Filialen in gewöhnlichen Zeiten in den ersten Jahren meist unrentabel sind.

Eine andere Form der Dezentralisation ist die Gründung von Tochterbanken. Der leitende Gedanke ist auch hier: Beschränkung des Risikos. Nach 1871 ist dieser Weg von deutschen Kreditbanken vielfach beschritten worden, besonders bei der Errichtung von Überseebanken. Auch die Verschmelzungen des A. Schaaffhausen'schen Bankvereins und der Norddeutschen Bank mit der Diskonto-Gesellschaft, bei denen die aufgenommenen Banken ihre formale Selbständigkeit behalten haben, gehören hierher. Die Form der Tochterbank hat den Vorteil der Unterteilung der ins Riesenhafte wachsenden Geschäfte, die der Vorstand einer Großbankzentrale kaum überblicken kann, sowie den Vorteil einer Teilung der Kontrolle. Zwar ist die Tochterbank juristisch selbständig, aber die im Besitz sämtlicher oder der Mehrheit ihrer Aktien sich befindende Bank kann ihr diese Freiheit so weit beschränken, wie sie es für notwendig hält. Sie wird ihr geeignet scheinende Persönlichkeiten zu Vorstandsmitgliedern des Tochterunternehmens bestellen, befreundete Personen in den Aufsichtsrat wählen und weitgehende Kontrollmaßnahmen einführen. Wenn der Vorstand der Tochterbank dann noch auf irgendeine Weise an dem Hauptunternehmen interessiert wird, so scheint meines Erachtens eine einheitliche Leitung gesichert zu sein. Wesentlich ist aber, daß das Hauptunternehmen sämtliche Aktien dauernd in seinem Besitz hält; denn andernfalls hat die Tochterbank nur eine mindere Bedeutung für das Hauptunternehmen, und die Einheitlichkeit der Leitung wird leicht gefährdet.

Wenn trotz aller Vorteile, welche die Bildung von Tochterbanken für unsere Großbetriebe zur Folge hat, diese Form wenig angewandt worden ist, so liegt das sicherlich in der Hauptsache an den steuerlichen Nachteilen, die besonders im alten Steuerrecht erheblich waren. Denn im preußischen Einkommensteuergesetz gab es keinerlei Vergünstigungen für diese sog. Schachtelgesellschaften. Der Jahresgewinn wurde zunächst bei der Tochtergesellschaft versteuert. Das Hauptunternehmen versteuerte dann diesen ihr als Dividende zufließenden Gewinn nochmals als Einkommen, so daß der Jahresgewinn der Tochtergesellschaft tatsächlich doppelt versteuert wurde.

Im neuen Reichssteuerrecht ist eine zweifache Erleichterung für die Schachtelgesellschaften vorgesehen. Denn 1. gelten nach § 6, Ziffer 8 des Körperschaftssteuergesetzes nicht als steuerbares Einkommen der Aktiengesellschaften usw.:

„bei Erwerbsgesellschaften, die nachweislich seit Beginn des der Veranlagung zugrunde gelegten Geschäftsjahres mindestens $^1/_5$ der gesamten Aktien, Kuxe, Anteile und Genußscheine einer anderen Erwerbsgesellschaft besitzen, die hierauf entfallenden Gewinnanteile jeder Art."

2. sind nach § 3, Ziffer 10 des Kapitalertragsteuergesetzes befreit:

„Kapitalerträge, die einer G. m. b. H., Aktiengesellschaft usw. aus der Beteiligung an einer anderen derartigen Unternehmung zufließen, sofern eine solche Beteiligung mindestens $^1/_5$ der gesamten Aktien, Kuxe, Genußscheine oder Anteile an dem anderen Unternehmen umfaßt und mindestens seit Beginn des letzten verflossenen Geschäftsjahres besteht".

Diese beiden Vergünstigungen wollen die doppelte Besteuerung der Schachtelgesellschaften vermeiden. Während aber die Industrie in letzter Zeit häufig von der Form der Schachtelgesellschaft Gebrauch gemacht hat, sind im Bankwesen in den letzten Jahren nur 2 Gründungen von Tochterbanken vorgekommen. Von der Deutschen Bank wurde der Oberschlesische Bankverein und von der Bank für Handel und Industrie die Nordische Bank für Handel und Industrie gegründet, und es scheint, daß man in beiden Fällen die Form der Tochterbank auch nur wegen der unsicheren politischen Verhältnisse im Osten gewählt hat. Die Tatsache aber, daß man früher verschiedentlich die steuerlichen Nachteile in Kauf nahm (Diskonto-Gesellschaft — A. Schaaffhausen'scher Bankverein usw.), beweist am besten, daß man die Vorteile der Tochterbank nicht gering einschätzt.

Anderer Meinung über die Geeignetheit der Tochterbanken ist von Schulze-Gaevernitz[1]): „Die Gründung von neuen Banken zu vollem Besitz der Mutterbank weist alle Nachteile der Filiale auf, aber ohne ihre Vorteile. Tochterbanken fügen sich — gestützt auf ihre juristische Selbständigkeit — weniger leicht in die Instruktion und sind schwerer zu gemeinsamer Geschäftspolitik zu bringen." Dem ist entgegen zu halten, daß die juristische Selbständigkeit des Vorstandes einer Tochterbank nicht sehr viel größer ist als die der Filialleiter, soweit diese Prokuristen sind. Dritten gegenüber ist eine Beschränkung der Befugnisse der Filialleiter als Prokuristen ebenso unwirksam wie die Beschränkung der Befugnisse des Vorstandes einer Tochterbank (§§ 50 und 235, 2 HGB.).

[1]) Tischert: a. a. O. S. 136.

Das Innenverhältnis wird aber durch Statut geregelt, und in diesem können dem Aufsichtsrat die weitgehendsten Rechte eingeräumt werden. Außerdem ist die Bestellung zum Vorstandsmitglied jederzeit widerruflich (§ 231, 3 HGB.). Eine gemeinsame Geschäftspolitik ist also auf jeden Fall dann gesichert, wenn Mutterunternehmung und Tochterbank einen gemeinsamen Aufsichtsrat haben. — Auch die Tatsache, daß die in den 1870er Jahren von den Berliner Großbanken gegründeten Provinzbanken eingegangen sind, läßt sich nicht als Argument gegen die Tochterbanken verwerten; denn diese Gründungen fielen alle in die Zeit der Depression der 70er Jahre; die Liquidation der Provinzial-Diskonto-Gesellschaft beispielsweise erfolgte auf Wunsch kurzsichtiger Aktionäre, und „dieser übereilte Beschluß ist, angesichts der späteren Entwicklung des deutschen Bankwesens von der Diskonto-Gesellschaft selbst bedauert worden“[1]).

Ein weiterer Weg der Dezentralisation ist die Errichtung von Agenturen. Man bedient sich dieser Form meist nur zum Zwecke der Depositensammlung in dünn bevölkerten Gegenden, weil dort die Gründung von Filialen oder Depositenkassen mangels genügender Beschäftigung unrentabel wäre. In Deutschland sind Agenturen von Banken sehr selten, nur in Mecklenburg, Oldenburg und in einigen Gegenden Süddeutschlands, meist überwiegend landwirtschaftlichen Gebieten, kommen sie vor. Sie sind nichts anderes als bloße Zahlstellen. Der Agent, der in keinem direkten Abhängigkeitsverhältnis zur Kreditbank steht, nimmt Depositen an und quittiert im Namen der betreffenden Bank. Hierin liegt eine gewisse Gefahr; aber wenn man bedenkt, daß die Banken in der Auswahl ihrer Agenten naturgemäß sehr vorsichtig sind und nur alteingesessene Bürger dazu nehmen, wird man diese Gefahr nicht allzu hoch veranschlagen. Im übrigen kommt für Deutschland die Form der Agenturen kaum in Betracht, da die Kreditbanken als gemischte Bankbetriebe durch ihre Filialen sämtliche Bankgeschäfte betreiben müssen. Anders ist es dagegen im englischen und im französischen Bankwesen. Dort hat die Arbeitsteilung in Depositenbanken und in Banken für Vermittlung langfristigen Kredits sich durchgesetzt, und die Depositenbanken haben sich ein im Vergleich zu Deutschland ganz gewaltiges Netz von Filialen und Agenturen geschaffen. Während diese Filialen und Agenturen vielfach aber nur Zahlstellen sind, die zum Teil nur einige Tage in der Woche geöffnet sind, hat man die Filialen der deutschen Kreditbanken mit den Einrichtungen eines vollständigen Bankgeschäftes ausgerüstet. Daher ist die Frage der Organisation des Filialsystems für das deutsche Kreditbankwesen eine andere als für die englischen und französischen Depositenbanken.

---

[1]) Tischert: a. a. O. S. 120.

Die weitaus wichtigste Form der Dezentralisation der deutschen Kreditbanken ist die Gründung von Filialen, d. h. die Errichtung von Zweigniederlassungen, die der Hauptbank untergeordnet sind. Unter den Begriff dieser Zweigniederlassungen fallen die eigentlichen Filialen, auch Zweigstellen oder Zweigniederlassungen genannt, sowie die Depositenkassen und Wechselstuben.

Filiale, Depositenkasse und Wechselstube lassen sich begrifflich nicht streng scheiden. Ihre Tätigkeit ist die gleiche: sie betreiben nahezu alle Bankgeschäfte. Auch in der Leitung und in ihren Einrichtungen bestehen keine grundlegenden Unterschiede. Ebensowenig kann man den Umfang der Geschäftstätigkeit zum wesentlichen Unterscheidungsmerkmal machen; denn es gibt Depositenkassen, die kleine Filialen an Geschäftsumfang weit hinter sich lassen. Die Besonderheiten der Depositenkassen und Wechselstuben im Gegensatz zu den eigentlichen Filialen, sind vielleicht darin zu erblicken, daß sie in der Regel keinen direkten Verkehr mit der Zentrale, mit Schwesteranstalten und mit fremden Banken unterhalten, sondern, daß ihre sämtlichen Geschäfte über eine übergeordnete Stelle geleitet werden. Diese den Depositenkassen und Wechselstuben übergeordneten Stellen sind als Kontroll- und Sammelorgane tätig, so daß man die Depositenkassen und Wechselstuben als Filialen zweiter Ordnung bezeichnen kann[1]). Dagegen kann man, wie es vielfach geschieht, als äußerliches Merkmal kaum anführen, daß Depositenkassen nur zum Zweck einer lokalen Dezentralisation errichtet werden, Filialen dagegen zur Interessenvertretung an fremden Plätzen dienen; denn gerade in letzter Zeit eröffnen die Kreditbanken an kleineren Orten, die noch keine Rentabilität für eine Filiale versprechen, Depositenkassen, weil diese nicht den großen Aufwand an Einrichtungskapital, Beamten und Raum wie eine Filiale beanspruchen. Allerdings kommt es auch vor, daß Depositenkassen und Wechselstuben direkt mit der Zentrale oder mit fremden Banken verkehren; es sind das aber Ausnahmen. Jedenfalls gibt es keine genaue begriffliche Abgrenzung zwischen Filialen einerseits und Depositenkassen und Wechselstuben andererseits. Ebensowenig besteht irgendein Unterschied zwischen einer Depositenkasse und einer Wechselstube; ihre Organisation und ihr Geschäftsbetrieb unterscheiden sich in keiner Weise, so daß die Benennung sich nur zufällig aus der besonders überwiegenden Tätigkeit — also der Sammlung von Depositen oder der Pflege des Wechselgeschäfts — erklärt.

Einen in allen Fällen zutreffenden Unterschied zwischen Filiale, Depositenkasse und Wechselstube gibt es somit nicht; die Merkmale, die für die Benennung maßgebend sind, sind bei den einzelnen Kredit-

[1]) Im folgenden sind die Depositenkassen und Wechselstuben vielfach auch als kleine Filialen bezeichnet.

banken vielfach verschieden. Es ist das nicht verwunderlich, besonders, da es sich hier um rein organisatorische Unterscheidungsmerkmale handelt; „denn jede Kreditbank stellt, mag sie mit den anderen Kreditbanken noch soviel Wesensgleichheit haben, schließlich doch eine Individualität für sich dar, die als solche abhängig ist von der Persönlichkeit oder den Persönlichkeiten, welche sie leiten"[1]).

Die meisten Großbanken unterscheiden zwischen Filialen, Zweigstellen und Depositenkassen, und bezeichnen als Filialen die großen Niederlassungen, welche den Zweigstellen eines bestimmten Bezirks übergeordnet sind. Diese „Bezirksfilialen" sind für die nachgeordneten Zweigstellen gewissermaßen die Zentrale.

Unter einer Darstellung des Filialbetriebes der Kreditbanken verstehe ich die Schilderung und Kritik der inneren Organisation der Filialen, ihrer Geschäftstätigkeit und ihrer Beziehungen zur Zentrale, zu Schwesteranstalten, zu fremden Banken und zur Kundschaft.

Filialen im Sinne dieser Darstellung sind sämtliche der Zentrale untergeordnete Zweigniederlassungen, also auch Depositenkassen und Wechselstuben, nicht aber Tochterbanken, Kommandite und Agenturen. Diese Begriffsbestimmung ist für eine betriebswirtschaftliche Untersuchung deshalb am brauchbarsten, weil — wirtschaftlich betrachtet — Filialen, Depositenkassen und Wechselstuben in ähnlicher Weise organisiert sind, während Kommandite, Tochterbanken und Agenturen andersartiger betriebswirtschaftlicher Struktur sind. Auch rechtlich tritt dieser Unterschied klar hervor. Filialen, Depositenkassen und Wechselstuben fallen unter den juristischen Begriff „Zweigniederlassung".

Der Begriff „Filiale" hat aber eine zweifache Bedeutung. Einmal versteht man unter Filialen sämtliche Arten von Zweigniederlassungen, und zweitens bezeichnet man mit diesem Ausdruck die eigentliche Filiale im Gegensatz zu den Depositenkassen und Wechselstuben. Wie wir gesehen haben, gibt es aber keinen strengen begrifflichen Unterschied zwischen den eigentlichen Filialen und den Depositenkassen. Trotzdem wird es bisweilen notwendig sein, auf Besonderheiten der eigentlichen Filialen einerseits und der Depositenkassen und Wechselstuben andererseits hinzuweisen. Hier ergibt sich eine Schwierigkeit, da wir einen bestimmten banktechnischen Ausdruck für den Begriff „eigentliche Filiale" nicht haben. Es geht auch nicht an, hier einen neuen Ausdruck anzuwenden, da ja in Wirklichkeit eine scharfe Scheidung zwischen der eigentlichen Filiale und der Depositenkasse nicht vorhanden ist. Wo besondere Unterschiede vorhanden sind, habe ich in große und kleine

---

[1]) Ernst Loeb: a. a. O. S. 132.

Filialen oder in selbständige und unselbständige Filialen geschieden. Im allgemeinen wird sich der Begriff „große oder selbständige Filiale“ mit dem Begriff „eigentliche Filiale“ und der Begriff „kleine oder unselbständige Filiale“ mit dem Begriff „Depositenkasse“ decken. Es ist dabei aber immer zu beachten, daß hier die Verhältnisse bei den einzelnen Kreditbanken etwas verschieden sind.

Eine weitere Schwierigkeit liegt in der Betrachtungsweise. Nach der Schilderung der inneren Organisation, die natürlich nur in groben Zügen hier zu geben möglich ist, sollen die Filialen in ihrem Verhältnis zur Zentrale, sodann in ihrem Verhältnis zur Kundschaft betrachtet werden. Zuletzt wird die Stellung der Filialen im Organismus des Gesamtinstituts behandelt. Diese Darstellung hat erstens eine gewisse Zerrissenheit des Stoffes zur Folge, und zweitens erfordert sie ein jedesmaliges Umstellen des Lesers, der die Dinge einmal vom Standpunkt der Filialen, dann von dem des Kunden und dann von dem der Zentrale aus betrachten muß. Diese Nachteile werden aber, wie ich glaube, durch den Vorteil aufgewogen, daß die einzelnen Gesichtspunkte schärfer hervortreten, daß uns immer wieder der Gegensatz zwischen der aus kaufmännischen Gründen erwünschten Selbständigkeit der Filialen und ihrer aus Gründen der einheitlichen Leitung und Kontrolle notwendigen Unterordnung unter die Zentrale entgegentritt.

Eine besondere Stellung in dem Filialsystem der deutschen Kreditbanken nehmen die Auslandfilialen ein. Es ist selbstverständlich, daß sie eine bedeutend größere Selbständigkeit als die inländischen Niederlassungen besitzen müssen; in einem fremden Lande im Wettbewerb mit dessen gesamtem Bankwesen, ohne die Hilfe der Zentrale, wie diese sie ihren inländischen Niederlassungen angedeihen lassen kann, müssen die Leiter einer Auslandfiliale mit weitgehenden Vollmachten ausgestattet werden. Die besonders schwierige Geschäftsführung macht es notwendig, die Leitung der Auslandfilialen an wichtigen Plätzen nur hervorragend befähigten Bankdirektoren, die in der Regel Vorstandsmitglieder der Kreditbank sind, zu übertragen. Diese Bankleute von Ruf unterwerfen sich natürlich keinen engen Bindungen. Die Beziehungen der Auslandfilialen zur Zentrale sind überall verschieden gestaltet; von ausschlaggebender Bedeutung sind die Wichtigkeit der Plätze, an denen die Auslandfilialen errichtet werden und die Persönlichkeit der einzelnen Leiter Mit Rücksicht auf die Besonderheiten in der Organisation sind die Auslandfilialen in dieser Darstellung nicht berücksichtigt worden.

I. Die innere Organisation der Filialen.

A. Die Kapitalausstattung.

Bei der Frage der Kapitalausstattung der Filialen ergeben sich zwei Möglichkeiten: Entweder stattet man die Filialen mit einem festen eigenen Kapital aus, oder man gewährt ihnen, je nach Bedarf, Kredit bei der Zentrale. Die Bedeutung der Kapitalausstattung ist klar erkennbar. Gibt man der Filiale ein festes eigenes Kapital mit, so will man ihr von vornherein eine gewisse Selbständigkeit geben; räumt man ihr nur Kredit ein, so hält man sie in dauernder Abhängigkeit von der Zentrale. Es handelt sich hier also um zwei Organisationsprinzipien der Filialgestaltung: Zentralisation oder Dezentralisation. Und hier tritt uns sofort das Kernproblem des Filialbetriebs entgegen: die Frage der Selbständigkeit der Filialen.

Größere Filialen sind stets mit eigenem Kapital ausgestattet, bei kleineren Filialen findet man sowohl Ausstattung mit eigenem Kapital wie Krediteinräumung, ohne daß man sagen kann, daß eine dieser Organisationsformen hier überwiege. Depositenkassen werden nie mit eigenem Kapital ausgestattet. Natürlich erhalten Filialen mit eigenem Kapital im Bedarfsfalle darüber hinaus Kredit bei der Zentrale. Neu gegründete Filialen werden in der Regel erst nach einiger Zeit mit einem festen eigenen Kapital ausgestattet, da man zunächst den Kapitalbedarf der Filialen feststellen muß. Die Höhe des Filialkapitals ist naturgemäß davon abhängig, ob die Filiale überwiegend die Sammlung von Depositen oder die Kreditgewährung betreibt.

Die Art der Kapitalausstattung ist für die ganze innere Organisation der Filialen entscheidend. Man kann die Filialen, die mit einem festen Eigenkapital ausgestattet sind, als selbständige bezeichnen, während die nur mit Kredit ausgestatteten Zweigstellen, in der Hauptsache die Depositenkassen, als unselbständige oder Filialen zweiter Ordnung bezeichnet werden können. Die Unterschiede zwischen selbständigen und unselbständigen Zweigniederlassungen sind überall erkennbar, sei es in den Befugnissen ihrer Leiter, in der Selbständigkeit der Ausübung der Geschäfte, in der Kontrolle usw., wie noch zu zeigen sein wird. Von Bedeutung ist die Art der Kapitalausstattung auch für die Berechnung der Rentabilität der Filialen, worüber im Zusammenhang mit der Zinspolitik der Zentrale noch zu sprechen sein wird.

Früher war ein wesentliches Merkmal der Kapitalausstattung die Gebäudefrage. Filialen mit eigenem Kapital besaßen in der Regel auch eigene Geschäftsgebäude, Filialen ohne Eigenkapital, insbesondere Depositenkassen, hatten zumeist gemietete Geschäftslokale inne. In letzter Zeit sind die Banken dazu übergegangen, auch die unselbständigen Filialen und Depositenkassen in eigenen Geschäftslokalen unterzubringen. Sie setzen diese Gebäude zum Friedenswert in die Bilanz ein und schaffen sich auf diese Weise stille Reserven.

Der Vorteil der Ausstattung der Filialen nur mit Kredit liegt auf dem Gebiet der einheitlichen Leitung und der Kontrolle. Dieser gewiß nicht zu unterschätzende Vorteil wird allerdings nur durch eine schwerfällige und vielfach gehemmte Ausübung der Geschäfte erreicht. Bei dem außerordentlichen Wettbewerb der deutschen Kreditbanken spielt die reibungslose und schnelle Geschäftsabwicklung eine erhebliche Rolle. Schon aus diesem Grunde, aber auch zum Zweck einer gewissen Dezentralisation der Leitung im deutschen Kreditbankwesen, die infolge der Mannigfaltigkeit der Geschäfte und der drohenden Unübersichtlichkeit von einer Zentralstelle aus geboten scheint, ist die Ausstattung der Filialen mit einem festen eigenen Kapital empfehlenswert, zumal auch im Verkehr mit dem Kunden eine gewisse Selbständigkeit erwünscht ist. Jedoch ist die Höhe dieses Kapitals möglichst zu beschränken, erstlich um eine allzu große Kapitalzersplitterung zu vermeiden, sodann um die Filialen bei großen, meist risikoreichen Geschäften in Abhängigkeit von der Zentrale zu halten. Für Depositenkassen genügt jedoch die Ausstattung mit Kredit, da infolge ihrer Nähe zu der Zentrale oder der ihnen übergeordneten Stelle die Geschäftstätigkeit durch vorherige Anfragen nicht wesentlich gehemmt wird.

B. Die Leitung.

Bei allen deutschen Kredit-Aktienbanken herrscht das Prinzip der persönlichen Risikoverteilung, das sich in dem Bestreben äußert, nicht von einer Person abhängig zu sein. Eine Person allein soll nicht imstande sein, die Bank in irgendeiner Weise zu verpflichten. In einigen Ländern, z. B. in Österreich, geht man noch weiter und läßt die Bankfirma durch 3 Unterschriften zeichnen. Dem Prinzip der persönlichen Risikoverteilung entsprechend, haben alle Kreditbanken die Leitung ihrer Filialen mehreren „Direktoren“ übertragen. Je nach der Größe der Filiale hat man zwei oder mehr Filialleiter, bei Filialen mittlerer Größe in der Regel zwei Filialleiter mit dem Titel „Direktor“. Der Begriff „Direktor“ ist nicht rechtlicher Natur, sondern ein von der Handelswelt eingeführter Titel. Die Leiter der Depositenkassen führen den ebenfalls rechtlich bedeutungslosen Titel „Depositenkassenvorsteher“. Alle diese Titel besagen also nichts in bezug auf die rechtliche Stellung ihrer Inhaber.

Juristisch sind die Leiter der Filialen und Depositenkassen in der Regel Prokuristen, bisweilen findet man als Depositenkassenvorsteher Bevollmächtigte und mitunter sind den ganz großen Filialen, den sog. Groß- oder Bezirksfilialen, Vorstandsmitglieder oder stellvertretende Vorstandsmitglieder als Leiter zugeteilt. Die Prokuristen werden den gesetzlichen Bestimmungen gemäß vom Aufsichtsrat ernannt. Eine Bestimmung im Gesellschaftsvertrag, nach der die Bestellung von Prokuristen dem Vorstand ohne die Genehmigung des Aufsichtsrats überlassen ist, gibt es wohl bei keiner deutschen Kredit-Aktienbank. Einerseits ist die Prokura der Filialleiter auf die Geschäfte ihrer Filiale beschränkt (Filialprokura), andererseits ist sie fast überall dahin erweitert, daß die Filialleiter auch zur Veräußerung und Belastung von Grundstücken und Gebäuden ermächtigt sind. Die Prokura ermächtigt zu allen Arten von gerichtlichen und außergerichtlichen Geschäften und Rechtshandlungen, die der Betrieb eines Handelsgewerbes mit sich bringt (§ 49 HGB.). Die Filialleiter — soweit sie Prokuristen sind — können also auch Geschäfte vornehmen, die für eine Bank ungewöhnlich sind, wenn sie nur im Betrieb irgendeines anderen Handelsgewerbes vorkommen können. Jedoch haben sie nicht das Recht, die betreffende Filiale aufzulösen oder zu verkaufen oder einen Prokuristen zu bestellen. Die Vertretungsmacht der Filialleiter, die nur Bevollmächtigte sind, erstreckt sich dagegen — auch Dritten gegenüber — nur auf solche Geschäfte, die der Betrieb einer Filiale gewöhnlich mit sich bringt. Selbstverständlich wird bei allen Kreditbanken gemäß dem Prinzip der persönlichen Risikoverteilung nur Gesamtprokura erteilt. Die Zeichnung der Filialen erfolgt also durch die Unterschriften zweier Filialleiter, zweier sonstiger bei der betr. Filiale bestellten Prokuristen oder zweier sonst zur Zeichnung der Filiale Berechtigten. Natürlich sind zur Unterschriftleistung bei sämtlichen Filialen auch die Vorstandsmitglieder und diejenigen Prokuristen, deren Prokura nicht auf eine bestimmte Niederlassung beschränkt ist, berechtigt. Es ist also streng zu unterscheiden zwischen den Vorstandsmitgliedern einerseits und den Filialleitern andererseits, die als Prokuristen oder Bevollmächtigte den Vorstandsmitgliedern unterstellt sind. Bemerkenswert ist, daß die Filialleiter, wie schon erwähnt, bei fast allen Banken auch zur Veräußerung und Belastung von Immobilien ermächtigt sind, eine Befugnis, die zur schnellen Abwicklung der Geschäfte erforderlich ist. Dritten gegenüber haben sie damit für die betreffende Filiale beinahe die gleichen Befugnisse wie ein Vorstandsmitglied. Diejenigen Filialleiter, denen der Titel „Direktor" verliehen worden ist, zeichnen durch bloße Namensunterschrift, ohne, wie es § 51 HGB. vorschreibt, einen die Prokura andeutenden Zusatz beizufügen. Eine Beschränkung der Befugnisse der Filialleiter, soweit diese Prokuristen sind, ist, wie schon erwähnt, nach § 50 HGB. Dritten gegenüber unwirksam.

Die hier geschilderte juristische Stellung der Filialleiter bezieht sich auf ihre Vertretungsmacht nach außen. Scharf zu unterscheiden von dieser Vertretungsmacht sind die Befugnisse der Filialleiter in der Geschäftsführung, die von Außenstehenden nicht erkennbar sind. Im Innenverhältnis, d. h. zwischen Filialleitern und Vorstand, werden die Befugnisse der Filialleiter durch Anstellungsvertrag, Dienstanweisung und durch von Zeit zu Zeit erlassene Vorschriften der Zentrale mehr oder weniger beschnitten. Hier besonders zeigt sich die Individualität jeder Kreditbank. Aber auch die Größe der Filiale und andere Umstände machen eine entsprechende Regelung der Befugnisse ihrer Leiter notwendig. Wie sehr diese Befugnisse bei den Filialen verschieden geregelt sind, wird bei der Darstellung der Geschäftstätigkeit der Filialen zu zeigen sein. Hier sollen nur einige allgemeine Befugnisse erörtert werden.

Die allgemeinen Dienstordnungen enthalten in der Regel Bestimmungen über das Verhältnis der Filialleiter untereinander, über innere Einrichtungen der Filialen und andere allgemeine Vorschriften. Die Filialleiter sollen sich in die Geschäfte derart teilen, daß jeder von ihnen den Überblick über den ganzen Betrieb behält. Ein Filialleiter soll den anderen jederzeit vertreten können. In der Praxis läßt sich eine gewisse Arbeitsteilung der Filialdirektion dahin erkennen, daß ein Filialleiter vielfach die innere Verwaltung leitet, der andere dagegen hauptsächlich den Verkehr mit dem Publikum. Da die Filialleiter sich natürlich gegenseitig unterrichten und besprechen, bleibt eine gewisse Übersicht immerhin gewahrt. Außergewöhnliche Geschäfte bedürfen der vorherigen Genehmigung der Zentrale. Außergewöhnliche Geschäfte sind solche, die über den Rahmen des regelmäßigen Betriebs hinausgehen, beispielsweise Käufe und Verkäufe von Grundstücken usw. Auch die Anschaffung von Einrichtungsgegenständen und Aufwendungen für Bankgebäude usw. bedürfen der Genehmigung der Zentrale, wenn im Einzelfalle der Preis eine bestimmte Summe übersteigt. Besondere Vorschriften der Zentrale regeln die Geschäfte der Filialen untereinander und den Verkehr mit der Zentrale sowie die Berichterstattung an die Zentrale.

Die Einstellung von Filialbeamten durch die Filialleitung ist verschieden gestaltet. Vielfach liegt die Entscheidung über die Einstellung und Entlassung von Beamten oder Lehrlingen, die Höhe der Gehälter usw. bei der Zentrale. Die beste, auch häufig angewandte Lösung dieser Frage ist folgende: Die Filialleitung ernennt und entläßt die Beamten der Filiale. Um es ihr jedoch unmöglich zu machen, Verwandten oder Bekannten gutbezahlte Stellen in der Filiale zu verschaffen, hat sie bei der Einstellung von Beamten, deren Gehalt eine bestimmte Summe überschreitet, die Genehmigung der Zentrale einzuholen. Die Vorteile liegen hier in der größeren Bewegungsfreiheit der Filiale und in einer Entlastung der Zentrale, wobei die letztere aber doch nicht ganz ausgeschaltet wird. Der Nachteil dieser Regelung ist der, daß die Filialleiter, in dem Bestreben, möglichst freie Hand bei der Einstellung von Beamten zu haben, solche Beamte anzustellen suchen, welche die Gehaltsgrenze noch nicht erreichen. Die Folge dieser Politik ist dann die Schaffung eines jungen Beamtenkörpers, der durch den Weggang von Beamten, die ihr Gehalt bei der Filiale nur schwer aufbessern können, häufigem Wechsel unterworfen ist. Die Vorsteher der Depositenkassen haben nicht die Berechtigung, Beamte einzustellen; sie bekommen ihre Beamten von der übergeordneten Stelle zugeteilt.

Die Ernennung von Bevollmächtigten, die natürlich auf Vorschlag der Filialleitung erfolgt, hat sich wohl bei allen Kreditaktienbanken der Vorstand bzw. Aufsichtsrat vorbehalten.

Die Filialen können an dem Gericht ihres Sitzes klagen und verklagt werden. Rechtsstreitigkeiten der Filialen mit Dritten werden der juristischen Abteilung der Zentrale unterbreitet, die entscheidet, ob gegebenenfalls ein Prozeß angestrengt werden soll. Zwar haben die größeren Filialen selbst ein juristisches Bureau, in allen Fällen muß aber die Entscheidung über die Führung von Prozessen bei der Zentrale liegen.

Die Filialleiter führen die Geschäfte auf kollegialer Grundlage, d. h. jeder Filialleiter hat ein Vetorecht, jeder Filialleiter ist aber auch für die gesamten Filialgeschäfte verantwortlich. Widerspricht ein Filialleiter einer Handlung, so hat sie zu unterbleiben, bis der Fall von der Zentrale entschieden ist. Die Geschäftsführung der Filialleiter auf kollegialer Grundlage schließt natürlich nicht aus, daß ein Filialleiter durch seine überragende Persönlichkeit sich eine solche Stellung erringt, daß seinen Handlungen von den Mitleitern überhaupt nicht widersprochen wird, so daß er infolge seiner Autorität in Wirklichkeit alleiniger Leiter der Filiale ist. Solche Fälle sind keineswegs selten; sie sind nicht ungünstig zu beurteilen, wenn die Befugnisse der Filialleitung nicht überschritten werden. Im übrigen bieten die besten Dienstanweisungen und schärfsten Kontrollmaßnahmen keine ausreichende Sicherheit, wenn sich unter den Filialleitern unfähige Köpfe oder Betrüger befinden. Wenn auch diese Gefahr nie ausgeschlossen werden kann, so wird sie doch durch die Einrichtung, daß mindestens 2 Filialleiter für alle Handlungen der Filialen verantwortlich gemacht werden, wesentlich gemildert.

Früher suchte man das Risiko, das in der Person der Filialleiter liegt, auch vielfach dadurch zu mildern, daß man die Filialleiter eine Kaution stellen ließ. Man ist von dieser Einrichtung jedoch wieder abgekommen, vermutlich in der Erwägung, daß der hinterlegte Betrag in keinem

Verhältnis zu der Größe der Unterschlagungen stehen kann, und daß mancher befähigte Beamte nicht in der Lage ist, eine Kaution zu stellen.

Die Tantieme der Filialleiter wird im Zusammenhang mit der Gewinnverrechnung der Filiale besprochen werden.

Ein genaues Bild über die Stellung der Filialleiter läßt sich natürlich erst gewinnen, wenn man ihre Befugnisse in Ausübung der einzelnen Bankgeschäfte kennt, worüber noch zu sprechen sein wird. Bei der Beurteilung der Stellung der Filialleiter darf man jedoch nie die bedeutsame Tatsache außer acht lassen, daß, soweit sie Prokuristen sind, jede Beschränkung ihrer Befugnisse Dritten gegenüber rechtlich unwirksam ist, selbst dann, wenn diesen die Beschränkung bekannt ist. Nach außen hin stehen die Filialleiter als Prokuristen somit völlig selbständig da. Dem Vorstand sind die Filialleiter natürlich für die Nichteinhaltung der Beschränkungen haftbar. Da diese Beschränkungen aber nur im Innenverhältnis wirksam sind, gibt man sie der Öffentlichkeit nicht bekannt. Man stellt sogar bewußt die Filialleiter nach außen völlig selbständig hin, um ihnen eine gefestigte Stellung zu verschaffen. Denn das zur Ausübung des Bankgeschäfts unbedingt notwendige Vertrauen kann der Leiter einer Filiale sich leichter erwerben, wenn er als einflußreiche Persönlichkeit gilt.

Für die Beurteilung der Stellung der Filialleiter sind aber letzten Endes doch ihre tatsächlichen Machtbefugnisse entscheidend, die, durch Dienstanweisungen und sonstige Vorschriften eingeschränkt, vielfach nur ganz geringfügig sind. Jedoch darf man die juristische Selbständigkeit der Filialleiter nach außen hin nie außer acht lassen; denn sie ist die Ursache all der Bindungen und Kontrollen, die dem Filialbetrieb eigen sind.

Der Zusammenhang ist folgender: Nach außenhin vertreten die Filialleiter als Prokuristen die Kreditbank unbeschränkt; eine Beschränkung ist nach geltendem Recht Dritten gegenüber unwirksam. Es besteht also die Möglichkeit, daß ein Filialleiter der Kreditbank großen Schaden zufügt, indem er leichtsinnigerweise oder in betrügerischer Absicht auf Grund seiner juristischen Selbständigkeit Handlungen vornimmt, die für die Kreditbank rechtsverbindlich sind. Diese Gefahr sucht man dadurch zu mildern, daß man die Leitung einer Filiale mehreren Personen überträgt, die die Geschäfte auf kollegialer Grundlage führen. Weiterhin sucht man sich vor unfähigen oder leichtsinnigen Filialleitern zu schützen, indem man ihre Befugnisse beschränkt. Da diese Beschränkungen aber nur im Innenverhältnis wirksam sind, muß die Geschäftsführung der Filialleiter dauernd überwacht werden, ob die Beschränkungen auch eingehalten werden. Die notwendige Folge der Selbständigkeit der Filialleiter ist also die dauernde Überwachung der Filialen durch die Zentrale, von der noch zu sprechen sein wird.

Die Beschränkung der Befugnisse der Filialleiter ist bei den einzelnen Kreditbanken verschieden und innerhalb der Kreditbanken, der Größe der Filialen entsprechend, mehr oder weniger groß. Eine allzu große Bindung der Filialleiter lähmt deren Initiative und unterbindet ihren kaufmännischen Geist; sie ist die Ursache der Verbeamtung der Filialleiter; allzu große Selbständigkeit der Filialleiter kann dagegen zu großen Verlusten führen.

C. Beamte.

Wie schon erwähnt, ist die Einstellung von Filialangestellten zumeist den Filialleitern unter gewissen Einschränkungen überlassen. Nur die kleineren Filialen und Depositenkassen bekommen ihre Beamten von der übergeordneten Stelle zugeteilt Die Filialleiter sind die nächsten Vorgesetzten aller Filialbeamten; sie sind für alle Wünsche und Forderungen der Filialbeamten zuständig. Die Vorsteher der einzelnen Abteilungen sind meist Prokuristen oder Bevollmächtigte. Sie sorgen für die ordnungsmäßige Erledigung der Aufträge, die ihre Abteilung betreffen, sehen die ausgehende Post nach und unterschreiben an zweiter Stelle. Die erste Unterschrift wird hierauf meist von einem Filialleiter vollzogen. Die Abteilungsvorsteher haften der Filialleitung für die ordnungsmäßige, prompte und richtige Erledigung aller ihre Abteilung betreffenden Geschäftsvorfälle. Sie wickeln die gewöhnlich vorkommenden Geschäfte mit dem Publikum, wie z. B. Effektenkäufe und -verkäufe, selbständig ab. In besonderen Fällen haben sie die Entscheidung der Filialleitung einzuholen. Ihre Stellung ist also verhältnismäßig selbständig und verantwortungsvoll.

Die Mehrzahl der Bankangestellten übt eine zwar schematische, jedoch große Sorgfalt und Genauigkeit erfordernde Tätigkeit aus. In dem Maße, wie die Bankangestellten ihrem Ziel — der Erlangung von Beamteneigenschaft — näher gerückt sind, ist der Einfluß der Filialleiter auf die ihnen unterstellten Bankangestellten immer mehr gesunken. Dazu kommt, daß die Anstellungsverhältnisse der Bankbeamten für das gesamte Deutsche Reich durch einen Reichstarifvertrag geregelt sind. Dieser Tarifvertrag regelt die Gehälter, ähnlich wie bei den Staatsbeamten, nach Klassen, in welche die Bankbeamten nach ihrer Tätigkeit eingereiht werden und nach dem Alter. Auf die so zu errechnenden Gehälter, die als Mindestgrundgehälter bezeichnet werden können, erfolgen Zuschläge, die nach den gleichen Grundsätzen wie bei den Staatsbeamten nach Ortsklassen abgestuft sind. Da die Zuschläge sich nach den Teuerungsverhältnissen der einzelnen Orte richten und stark gestaffelt sind, herrscht der soziale Gedanke in dem Reichstarifvertrag der Bankbeamten vor. Damit ist leider mit dem Grundsatz, daß jeder nach seiner Leistung entlohnt werden soll, zum großen Teil gebrochen worden. Die Mindestgehälter des Tarifs sind natürlich allermeist auch Höchstgehälter. Der Reichstarifvertrag ist somit ein weiterer Schritt zur Verbeamtung der Bankangestellten, sehr zum Schaden der Aktienbanken, da hierdurch die Entfaltung der kaufmännischen Leistung des einzelnen Bankangestellten verhindert wird.

Neben den Bestimmungen des Reichstarifvertrages sind es die Vorschriften des Betriebsrätegesetzes, welche die Selbständigkeit der Filialleitung den Angestellten gegenüber einschränken. Immerhin besitzen die Filialleiter insofern eine gewisse Macht über die Bankbeamten, als deren Aufstiegmöglichkeit von ihnen zum größten Teil abhängt. Denn die Vorstände der Kreditbanken können unmöglich die Filialangestellten persönlich kennen; die Ernennung von Bevollmächtigten usw. geschieht daher auf Vorschlag der Filialleitungen. Da die Mehrzahl der Bankangestellten aber keine besondere Gelegenheit hat, ihre Fähigkeiten zu zeigen, spielt die Gunst der Vorgesetzten bei der Auslese der leitenden Personen immer noch eine große Rolle.

Es besteht die Schwierigkeit, geeignete Leiter für die anwachsende Zahl der Zweigstellen zu finden, da sich die Befähigung der Filialleiter nicht im voraus feststellen läßt. Ein Beamter, der sich als Kassierer oder auf einem anderen Posten jahrzehntelang bewährt hat, kann trotzdem ein schlechter Filialleiter sein. Werden die Filialleiter aber nur aus den Angestellten der Zentrale ausgesucht, so entsteht Unzufriedenheit unter den Filialangestellten, und zudem werden die persönlichen Beziehungen zwischen den Filialen und den Kunden gelockert.

Wie schon erwähnt, werden die Filialen von der Zentrale dauernd überwacht. Der Ausbau eines Kontrollsystems bringt aber, wie noch zu zeigen sein wird, gewöhnlich eine Vereinheitlichung des Rechnungswesens aller Filialen einer Kreditbank mit sich. Das heißt, daß die Filialen sich ihre Buchführung nicht ihrer Eigenart entsprechend einrichten können, sondern daß sie sich der Schematisierung, die von der Zentrale angeordnet wird, fügen müssen. Für die Filialbeamten bedeutet dies aber eine gewisse Unterordnung unter das Rechnungswesen; ihre Tätigkeit wird also auch hierdurch schematisiert.

Die Verbeamtung der Bankangestellten ist bereits so weit gediehen, daß Entlassungen von Angestellten infolge Beschäftigungsmangels bei den Kreditbanken nicht üblich sind. Dies erklärt auch zum Teil die Tatsache, daß ein ausgedehntes Filialnetz unter dem Gesichtspunkt des reinen Kostensatzes als Nachteil zu betrachten ist[1]). Denn die Gehälter der Angestellten, die den größten Teil der Verwaltungsunkosten ausmachen, sind fixe Kosten, d. h. sie verringern sich nicht bei sinkendem Beschäftigungsgrad und wirken infolgedessen vergrößernd auf die Un-

---

[1]) Bosenik: a. a. O. S. 115.

kostenquote in Zeiten der Depression. In Erkenntnis dieser Tatsache stellen die Filialleiter gerne eine unverhältnismäßig große Zahl von Lehrlingen ein. Diese Politik ist aber durch eine Bestimmung des Reichstarifvertrages, welche die Anzahl der Lehrlinge im Verhältnis zu den übrigen Angestellten festsetzt, unmöglich gemacht worden. Seitdem sind die Filialleiter dazu übergegangen, „Hülfsbeamte" einzustellen, die sie in Zeiten geringer Beschäftigung entlassen können.

D. Das Rechnungswesen.

Die Arbeitsteilung hat sich im Bankwesen dahin entwickelt, daß die einzelnen Bankgeschäfte in gesonderten Abteilungen ausgeführt werden. Diese Organisation ist auch bei den Filialen vorhanden. Eine Filiale mittlerer Größe hat im allgemeinen folgende Abteilungen: Direktion, Sekretariat, Kasse (evtl. Sorten- und Couponkasse), Korrespondenzbureau, Effektenabteilung, Depotabteilung, Giroabteilung, Wechselabteilung (evtl. Devisenabteilung), Buchhalterei, Expedition und Registratur. Die Filialdirektoren besitzen die Schlüssel zu den Tresortüren, die von ihnen morgens geöffnet und abends geschlossen werden. Der Hauptkassierer und der Vorsteher der Effektenabteilung besitzen die Schlüssel zu den im Tresor befindlichen Kassen- bzw. Effektenschränken. Der Zugang zu den Beständen ist also immer nur 2 Personen zugleich möglich, einem Filialleiter und einem Beamten. Die Filialleiter lesen die eingehende Post und verteilen die Briefe auf die einzelnen Abteilungen zur Erledigung, regeln und überwachen den inneren Betrieb und unterhandeln mit den Kunden, wenn es sich um größere Geschäfte handelt. Auf den ersten Blick scheint es, als wenn die Filialleiter in der Hauptsache Verwaltungsbeamte seien. Das trifft auch in gewissem Maße zu. Man darf aber nicht außer Acht lassen, daß die Banken Erwerbsunternehmen sind, und daß es Aufgabe der Filialleiter ist, neue Verbindungen anzuknüpfen und neue Kunden zu gewinnen. Und weil eben die Banken nur zum Zweck des Erwerbs betrieben werden, ist diese Aufgabe die wichtigste. Der Filialdirektor soll in erster Linie Kaufmann sein.

Das Sekretariat steht in enger Verbindung mit der Direktion. Es erledigt die vertrauliche Korrespondenz mit der Zentrale nach Anweisung der Filialleiter, bearbeitet Auskünfte, Hypothekensachen und andere Rechtsangelegenheiten, führt die Personalakten und übt die Kontrolle der Kontokorrent- und Depotanerkenntnisse aus, falls diese nicht bei der Zentrale geführt wird.

Die einzelnen Abteilungen erledigen die ihr Gebiet betreffenden Angelegenheiten. Die Organisation dieser Abteilungen ist zur Vereinfachung der internen Verrechnung innerhalb jeder Kreditbank meist einheitlich geregelt. Zu diesem Zweck hat man auch ein bei der Zentrale und den Filialen einheitliches, bis in das kleinste ausgebautes Formularwesen geschaffen. Ein Teil der Kreditbanken hat die einzelnen Abteilungen so organisiert, daß diese ihre Korrespondenz, die sie betreffende Buchführung und andere Hilfsgeschäfte selbst erledigen; andere Institute wieder lassen das Korrespondenzbureau den gesamten Briefwechsel erledigen, die Buchhalterei sämtliche Bücher führen usw. Mit Rücksicht auf die Kontrolle ist die letztere Methode besser; denn wenn in der Buchhalterei sämtliche Fäden zusammenlaufen, so entsteht hier ein wirksames Kontrollorgan für die einzelnen Abteilungen, und wenn die gesamte Korrespondenz in einem Bureau erledigt wird, so ist von dieser Stelle aus ein Überblick über das ganze Geschäft gegeben. Der Nachteil dieser Methode liegt aber in der wenig individuellen Behandlung der Kunden. Die Organisation der Zusammenarbeit der einzelnen Abteilungen kann nicht einheitlich sein, weil hier eine Reihe von Erwägungen, wie z. B. Größe der Filiale, Art der Geschäfte usw., mitspielen. Daher ist keiner Methode unbedingt der Vorzug zu geben. Jedoch ist innerhalb der Kreditbank die Verteilung der Arbeiten auf die einzelnen Abteilungen bei allen Zweigstellen meist nach gleichen Grundsätzen geregelt, damit die Verrechnung untereinander sich reibungslos vollzieht. Das gleiche gilt auch für die Einrichtung der Buchführung. Die Vorteile dieser Vereinheitlichung des Rechnungswesens aller Filialen einer Kreditbank werden jedoch allgemein überschätzt. Man führt besonders für eine Schematisierung des gesamten Rechnungswesens die hierdurch erleichterte Kontrolle ins Feld. Gewiß trifft dieses Argument in gewissem Grade zu, aber es muß doch an dem Grundsatz festgehalten werden, daß die Buchführung der Eigenart eines Unternehmens angepaßt sein muß; da die Filialen im großen und ganzen alle die gleichen Geschäfte betreiben, weist ihr Rechnungswesen schon von vornherein eine große Ähnlichkeit auf.

Die Regelung von Einzelheiten im Rechnungswesen sollte man den einzelnen Filialen überlassen, da eine Vereinheitlichung in groben Zügen für eine Vereinfachung des internen Verrechnungsverkehrs und der Kontrolle völlig genügt. Jedenfalls werden dann unnötige Arbeiten im Rechnungswesen, die nur unwirtschaftlich sind, vermieden. So ist es meines Erachtens verkehrt, das Rechnungswesen einer Filiale mit Rücksicht auf die Einheitlichkeit innerhalb des Gesamtinstituts unpraktisch und damit kostspielig zu gestalten, wie es vielfach dadurch geschieht, daß Vordrucke und Bücher nach einem einheitlichen Schema allen Filialen von der Zentrale geliefert werden, wobei aber auch wieder zu beachten ist, daß durch den Einkauf der Materialien im Großen durch die Zentrale eine erhebliche Verbilligung erzielt wird. Die Zentrale sollte beispielsweise die Verbuchung der eingehenden Zahlungen und überhaupt die Verechnung mit den Kunden der Organisation der Filialen überlassen, da ein Erwerbsunternehmen in erster Linie auf wirtschaftliche und zweckmäßige Geschäftsführung ihr Augenmerk richten muß. Es kann bei mancher Filiale rationeller sein, das Rechnungswesen ganz nach ihren Bedürfnissen zu gestalten und die innere Betriebsüberwachung durch einen ständig nur für die betreffende Filiale angestellten Revisor ausüben zu lassen. Hierüber wird bei der Darstellung der Kontrolle der Filialen noch zu sprechen sein.

Die Einführung von Kontrollmaßnahmen und buchhalterischen Einrichtungen findet ihre Grenzen in den Kosten. So wird die Anwendung eines so komplizierten Kontrollverfahrens, wie es von großen Filialen vor der Auszahlung der an der Kasse vorgezeigten Schecks gehandhabt wird, für kleinere Filialen nicht empfehlenswert sein; denn selbst wenn es vorkommen sollte, daß Schecks, für die keine Deckung vorhanden ist, ausgezahlt werden, so ist der so entstehende Verlust vermutlich nicht so hoch wie die Mehraufwendungen für Gehälter und Arbeitsräume, die die Anwendung des Kontrollapparates nötig machen würden.

Selbstverständlich kommt in allen Bankbetrieben nur die doppelte Buchführung zur Anwendung, und zwar zum Teil mit Einrichtungen der amerikanischen Buchführung; bei größeren Instituten findet man auch vielfach Kassabücher und Sammeljournale nach Art der italienischen Buchführung.

Von besonderer Wichtigkeit ist die Einheitlichkeit der Bilanzierung innerhalb einer Kreditbank. Bei der Zentrale werden die Bilanzen der einzelnen Filialen zu einer Gesamtbilanz vereinigt, und da ist es keineswegs gleichgültig, ob z. B. jede Filiale etwas anderes unter „Depositen" versteht. Daher sind die einzelnen Posten in den Bilanzen der Filialen möglichst genau spezialisiert. So sind beispielsweise die Kreditoren meist untergeteilt 1. in Guthaben anderer Banken, 2. in Einlagen auf provisionsfreier Rechnung (eigentliche Depositen) und 3. in sonstige Kreditoren, wobei 2. und 3. wieder je nach der Fälligkeit der Verbindlichkeiten gegliedert sind. Weiter ist durch besondere Bestimmungen über die genaue Bezeichnung und Einreihung der einzelnen Geschäftsvorfälle von der Zentrale Vorsorge getroffen, daß die Bilanzierung der einzelnen Kreditbank so einheitlich wie möglich ist.

In der Regel ist das Rechnungswesen der Filiale ein geschlossenes Ganzes, wie bei jeder selbständigen Unternehmung mit Grundbüchern (Kassabuch und Primanota), Hilfsbüchern (Kontokorrent und Skontren) und Hauptbuch. Es entspricht das der Selbständigkeit der Filialen, die ja sämtliche bankmäßigen Geschäfte betreiben.

Anders dagegen ist das Rechnungswesen der Depositenkassen, die man mehr als Zweigbureaus betrachtet, gestaltet. Man hat ihnen diejenigen Tätigkeiten, die schwer zu kontrollieren oder im kleinen unrationell sind, wie z. B. die Depotverwaltung, das Wechselportefeuille usw. abgenommen und diese der übergeordneten Stelle übertragen. Hierdurch wird naturgemäß auch die Buchführung vereinfacht. So werden z. B. das Hauptbuch, der größte Teil der Depotbücher usw. bei der der Depositenkasse übergeordneten Stelle geführt.

Ganz kleine Betriebe senden sogar täglich der Zentrale sämtliche Belege ein, so daß die Primanota bei der Zentrale aus Gründen der Kontrolle nochmals geführt wird.

Große Ähnlichkeit mit dem Filialsystem der deutschen Kreditbanken weist die Organisation der **Reichsbank** auf. Es wird hier unterschieden zwischen Reichsbankhauptstellen, Reichsbankstellen und Reichsbanknebenstellen. Die Reichsbankhauptstellen entsprechen den größeren Filialen, die Reichsbankstellen den mittleren Filialen, die Reichsbanknebenstellen den Depositenkassen der Kreditbanken. Man bezeichnet die Hauptstellen und die Reichsbankstellen im Gegensatz zu den Reichsbanknebenstellen als selbständige Bankanstalten. Die Leitung der Reichsbankhauptstellen wie auch der Reichsbankstellen ist einem aus mindestens zwei Mitgliedern bestehenden Vorstand übertragen. Die Reichsbanknebenstellen werden von einem oder zwei Beamten geleitet. Nach außen vertreten die Zweigstellen der Reichsbank diese unbeschränkt. In der Vertretung nach außen haben wir hier also die gleichen rechtlichen Verhältnisse wie bei den Kreditbanken. Im Innenverhältnis sind die Leiter der Reichsbankfilialen an die Vorschriften des Reichsbankdirektoriums gebunden, das zusammen mit der Reichshauptbank der Zentrale einer Kreditbank entspricht. Die Reichsbankhauptstellen werden ständig von einem sogenannten Bezirksausschuß überwacht, der sich aus einem Bankkommissar und aus vom Zentralausschuß in Berlin vorgeschlagenen, am Sitz der betreffenden Hauptstelle ansässigen Anteilseignern zusammensetzt. Dem Bezirksausschuß werden in monatlich stattfindenden Sitzungen Übersichten über die Geschäfte der Reichsbankhauptstelle gegeben. Zur Ausübung einer fortlaufenden speziellen Kontrolle der Hauptstelle wählt der Bezirksausschuß aus seiner Mitte mehrere Beigeordnete. Die Überwachung jeder Reichsbankstelle geschieht durch einen sogenannten Justitiar, während die Reichsbanknebenstellen täglich von der übergeordneten Stelle kontrolliert werden.

Die selbständigen Reichsbankanstalten dürfen innerhalb der ihnen zugewiesenen Geschäftsbezirke im großen und ganzen diejenigen Geschäfte unter eigener Verantwortung betreiben, welche für die Reichsbank überhaupt statthaft sind. Natürlich übt das Reichsbankdirektorium die Kontrolle über die Geschäftsführung aus und gibt Anweisungen für spezielle Fälle oder allgemeine Verhältnisse. Im großen und ganzen ist also die Auswahl der Geschäfte Sache der einzelnen selbständigen Anstalten, wobei diese jedoch an die normierten Bestimmungen gebunden sind[1]). Die Reichsbanknebenstellen sind den selbständigen Bankanstalten untergeordnet, von deren Genehmigung sie in ihrer ganzen Geschäftsführung abhängig sind. Die Verrechnung mit anderen Bankanstalten geschieht nur durch

---

[1]) Walter **Konrad**: Die Organisation und die Tätigkeit der Zweiganstalten der Reichsbank (Zeitschrift für Handelswissenschaft und Handelspraxis II, S. 25 ff. 1909. **Obst**: Geld-, Bank- und Börsenwesen. S. 132.

Vermittlung der übergeordneten Stelle. Sogar bei der Diskontierung von Wechseln sind sie gewissen Beschränkungen unterworfen, insofern sie Wechsel nur auf Grund spezieller Anordnungen der vorgesetzten Bankanstalten, und nur von Personen oder Firmen, die von dieser bezeichnet sind, ankaufen dürfen.

Das Rechnungswesen der Reichsbankfilialen ist sehr einfach, die Buchführung ist eine reine Kassenbuchführung, da auch die Giro-Überweisungen durch die Kasse laufen und ein Memorial somit überflüssig ist.

Bei einer Vergleichung des Filialsystems der Reichsbank mit dem der Kreditbanken darf man nicht außer Acht lassen, daß die Reichsbank nicht in erster Linie Erwerbsunternehmen ist, sondern daß sie vor allem volkswirtschaftliche Funktionen auszuüben hat, daß ihr Verhältnis zu der Kundschaft ein ganz anderes ist als bei den Kreditbanken und daß sie eine gewisse Monopolstellung hat. Was für die Reichsbank zweckmäßig ist, kann daher für die Kreditbanken nicht immer als gut bezeichnet werden. Immerhin ist eine Vergleichung zwischen beiden sehr lehrreich, da allgemeine Grundsätze in dem Filialbetrieb der Reichsbank sowohl als in dem der Kreditbanken deutlich zu erkennen sind und da offenbar die Organisation des Filialsystems der Kreditbanken in manchen Punkten dem der Reichsbank nachgebildet ist.

Ganz ähnlich wie bei der Reichsbank ist der Filialbetrieb der Bank von Frankreich organisiert. Kaufmann[1]) urteilt über deren Zweckmäßigkeit: „Die Art der Organisation der Bank hat sich vom privatwirtschaftlichen Standpunkt dieser aus jedenfalls glänzend bewährt; die Ausfälle im Diskontgeschäft sind minimal, und bis auf einige wenige werfen stets alle Niederlassungen einen Gewinn ab“; allerdings wird, „trotzdem die starke Konkurrenz der großen Privatbanken zu vielen Fortschritten in der Geschäftsführung geführt hat, auch heute noch mitunter darüber geklagt, daß alles zu einförmig nach den Verhältnissen in Paris geregelt und nicht genügend Rücksicht auf die oft ganz verschiedenen Verhältnisse in der Provinz genommen werde.“

Bei einem Vergleich des Filialbetriebes der deutschen Kreditbanken mit dem der englischen und französischen Depositenbanken ist zu beachten, daß die Geschäfte der reinen Depositenbanken — in der Hauptsache Depositen-, Diskont- und Lombardgeschäft — sich durch allgemeine Vorschriften regeln lassen und keine große eigene Initiative erfordern, während bei den Kreditbanken feste Vorschriften über die Art der Geschäfte nicht immer möglich sind. „Hier liegt auch der Grund, warum dies System für andere als Depositenbanken unbrauchbar und gefährlich ist“[2]).

Immerhin ist es von Vorteil, manche Einrichtung der englischen und französischen Depositenbanken mit den entsprechenden Einrichtungen der deutschen Kreditbanken zu vergleichen, wobei aber nie außer Acht gelassen werden darf, daß es sich hier um eine Vergleichung zweier verschiedenartiger Dinge handelt.

---

[1]) a. a. O. S. 47. [2]) Jaffé, a. a. O. S. 185.

Die Aufgabe der Depositenbankfilialen in Frankreich besteht in der Hauptsache in der Heranziehung von Depositengeldern; daher sind sie nicht mit einem festen Dotationskapital ausgestattet, sondern nur mit Kredit bei der Zentrale. Soweit die Mittel der Zentrale in Anspruch genommen werden, werden verhältnismäßig hohe Zinsen belastet, umgekehrt für Guthaben bei dieser niedrige vergütet[1]). Nach außen hin erscheinen die Depositenbankfilialen genau wie die deutschen Kreditbankfilialen als selbständige Bankgeschäfte. Im Innenverhältnis ist der Filialleitung, die je nach Größe der Filiale aus einer oder mehreren Personen besteht, jedoch sehr wenig Selbständigkeit gelassen. Bei den französischen Depositenbanken „haben die Leiter der Filialen sich streng an die bis ins kleinste Detail sich erstreckenden generellen Geschäftsinstruktionen und an die Anordnungen zu halten, die ihnen von der Zentralleitung zugehen. Bei der geringsten Überschreitung ihrer Befugnisse haben sie Entlassung oder mindestens Strafversetzung, die häufig erfolgt, zu gewärtigen“[2]). Die Selbständigkeit der französischen Depositenbankfilialen ist also sehr gering. Keinerlei Selbständigkeit haben die französischen Depositenkassen in den großen Städten. Als bloße Außenbureaus der übergeordneten Stelle liefern sie abends sämtliche Bestände sowie die Geschäftsbücher an die Zentrale ab, bei der die gesamte Buchführung konzentriert ist. Durch diese Maßnahmen will man Ersparnisse an Personal und an Räumlichkeiten erzielen. Hingegen ist die Ausstattung der Räumlichkeiten sowohl der französischen als auch der englischen Depositenbankfilialen noch weit prunkvoller als bei den deutschen Kreditbanken.

Trotz der bedeutend größeren Zahl der Niederlassungen — die Société Générale besaß schon 1909 deren 682 — sind die einzelnen Filialen bedeutend unselbständiger als die deutschen Kreditbankfilialen. Der Verwaltungsrat der französischen Depositenbanken, der gewissermaßen die Funktion des Aufsichtsrats und des Vorstandes einer deutschen Aktienbank in sich vereinigt, „ernennt und entläßt sämtliche Angestellten, genehmigt alle Verträge, Gesellschaftsabschlüsse, Kredite, Darlehen, gerichtliche Handlungen usw.“[3]). Die Kontrolle ist äußerst streng; bei Unterschlagungen sucht man gern die Filialleiter zum Ersatz des Schadens zu zwingen, indem man sie für die Veruntreuungen der Filialbeamten haftbar macht.

Etwas mehr Bewegungsfreiheit haben die Leiter der englischen Depositenbankfilialen. Sie dürfen wenigstens Vorschüsse gegen Unterpfand bis zu einem allerdings geringen Höchstbetrage aus eigener Machtvollkommenheit gewähren[4]).

II. Die Filialen in ihrem Verhältnis zur Zentrale.

A. Aufbau des Filialsystems.

Das Filialnetz jeder Kreditbank ist systematisch ausgebaut, sowohl in geographischer, wie in organisatorischer Hinsicht. Die Filialen der Großbanken sind zwar über das ganze Reich verbreitet, bei den Provinzbanken ist aber die Filialausdehnung zumeist auf das örtliche Wirtschaftsgebiet der Zentrale beschränkt. Auch die Entwicklung der Filialnetze unserer Großbanken hat sich so vollzogen, daß nach und nach neue Wirtschaftsgebiete erschlossen worden sind.

[1]) Kaufmann, a. a. O. S. 269.
[2]) Kaufmann, a. a. O. S. 271.
[3]) Kaufmann, a. a. O. S. 255.
[4]) Jaffé, a. a. O. S. 184.

Vor allem aber ist die Organisation des Filialwesens streng systematisiert worden und sieht in schematischer Darstellung ungefähr folgendermaßen aus:

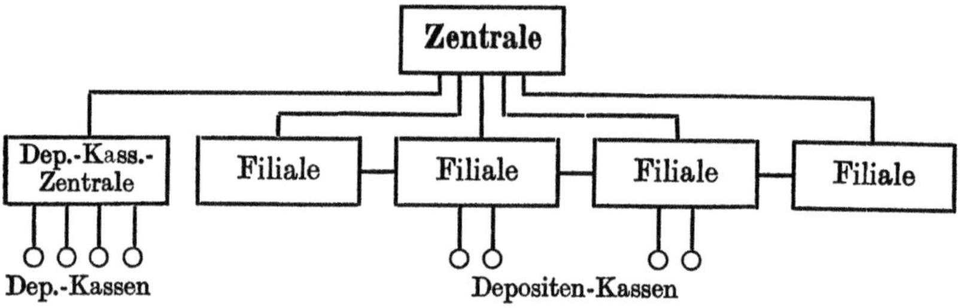

Die Großbanken haben diese Organisation noch weiter ausgebaut, indem sie einzelnen Filialen an Brennpunkten des Wirtschaftslebens — meist ehemalige Zentralen von fusionierten Provinzbanken — besondere Machtbefugnisse eingeräumt haben. Diese Großfilialen, wie man sie vielleicht nennen kann, beaufsichtigen die in ihrem Bezirk liegenden Zweigstellen in der Weise, daß diese Zweigstellen sich mit ihren Anträgen zunächst an die Hauptfiliale ihres Bezirks wenden, die sie entweder ablehnt, oder an die Zentrale weitergibt[1]). Schematisch dargestellt, zeigt das Filialwesen der Großbanken im allgemeinen dann folgendes Aussehen:

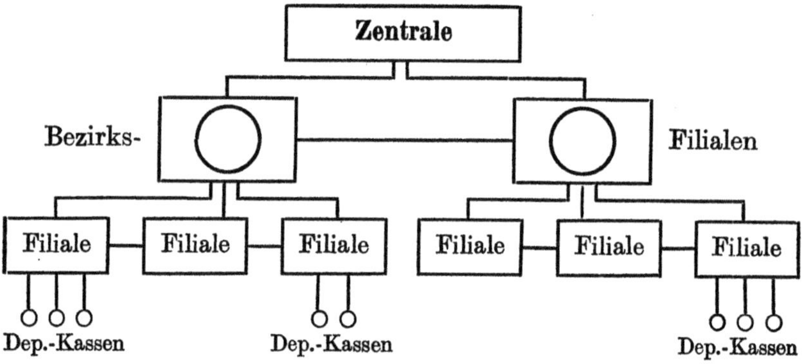

Natürlich ist das Filialsystem aller Kreditbanken nicht genau nach einem dieser Schemata aufgebaut; es soll hier nur das Aufbauprinzip veranschaulicht werden.

Der Filialaufbau der Kreditbanken zeigt also große Ähnlichkeit mit dem der Reichsbank.

Die Filialen der Kreditbanken sind örtlich gegeneinander abgegrenzt, d. h. jede Filiale bekommt einen bestimmten Bezirk als Tätigkeitsgebiet zugewiesen. Der Sinn dieser Abgrenzung besteht darin, daß sich die

[1]) Kölnische Zeitung No. 153 vom 27. 2. 1921.

Filialen eines Instituts nicht gegenseitig Konkurrenz machen sollen. Praktisch ist diese Bezirksverteilung nicht von großer Bedeutung, da man den Kunden nicht zwingen kann, mit einer bestimmten Filiale zu arbeiten, wie dies bei der Reichsbank geschieht. Es kommt häufig vor,

Bei der Reichsbank zeigt der Filialaufbau folgendes Bild:

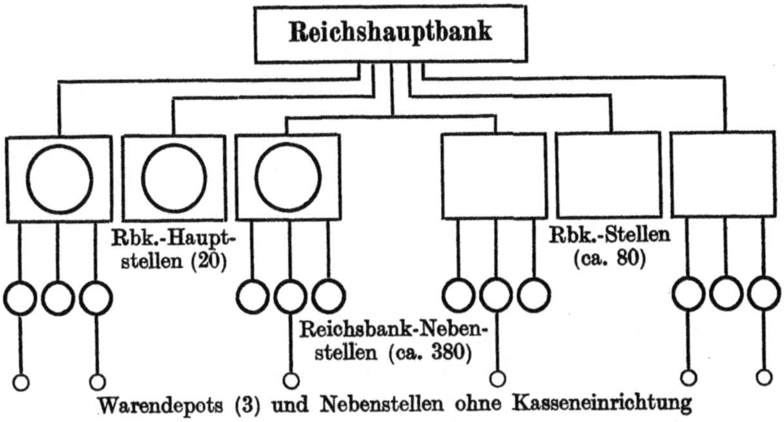

daß gößere Firmen mit Filialen von größerer Selbständigkeit verkehren wollen, weil diese die Geschäfte schneller erledigen. Zu diesem Zweck knüpfen sie dann vielfach Beziehungen mit einer größeren Filiale als der am Ort befindlichen an.

B. Die geschäftlichen Beziehungen zwischen Zentrale und Filialen.

1. Geldbeschaffung.

Die nach außen hin ganz selbständig scheinenden Filialen leiten große Teile ihrer Geschäfte durch die Zentrale. So stützen sie sich vor allem bei der Regelung ihres Zahlungsmittelbedarfs auf die Zentrale. Es ist schon erwähnt worden, daß Filialen mit eigenem Kapital über dieses hinaus bei der Zentrale Kredit erhalten und daß die Depositenkassen und kleinen Filialen nur vom Kredit der Zentrale leben. Benötigen sie Geld, so wenden sie sich einfach an die Zentrale. Die Anforderungen, die in dieser Hinsicht an die Zentrale einer filialreichen Kreditbank gestellt werden, sind bisweilen sehr groß. Es wird daher von manchen Kreditbanken der Standpunkt vertreten, daß eine Filiale, die mit eigenem Kapital ausgestattet ist, selbst für einen genügenden Bestand an Zahlungsmitteln Sorge tragen und sich nicht allein auf die Zentrale verlassen soll. Die meisten deutschen Kreditbanken sind jedoch Anhänger des zentralistischen Systems und wollen die ganze Leitung in der Zentrale behalten. An sich ist der Grundsatz, daß die Filialen ihr Betriebskapital selbst verwalten sollen, richtig; aber es ist auch zu bedenken, daß im Interesse einer einheitlichen Bankpolitik die freien Gelder der Filialen bei der Zentrale angelegt werden müssen. Das schließt aber keineswegs aus, daß die Filialen bis zu einem gewissen Grade selbst über genügende flüssige Mittel für den normalen Bedarf verfügen.

Die Filialen unterhalten in der Regel ein Reichsbank-Girokonto, das sie zur Zahlungsmittelbeschaffung benutzen. Braucht eine Filiale Geld, so kann sie es von ihrem Guthaben bei der Reichsbank abheben. Nun wäre es aber eine ungeheure Kapitalzersplitterung, wenn jede Filiale ein Giroguthaben in der Höhe unterhielte, daß sie aus ihm bei allen Anspannungen ihren Zahlungsmittelbedarf decken könnte. Natürlich sind die Giroguthaben der Filialen ihrem Geschäftsumfang entsprechend so hoch, daß sie den ersten Anforderungen stets genügen können. Eigene Effekten, die bei der Reichsbank lombardiert werden können, haben die Filialen entweder gar nicht oder nur in geringer Menge. Auch der Wechselbestand der Filialen ist in der Regel so gering, daß er als Barreserve keine große Rolle spielt. Bei besonderen Anspannungen sind daher die Filialen genötigt, auf die Zentrale zurückzugreifen. Entweder lassen sie sich von der Hauptbank Geld auf ihr Girokonto überweisen, oder die Zentrale stellt ihnen aus ihrem Depot bei der Reichsbank Effekten zur Verfügung, die sie lombardieren können. Letzten Endes verlassen sich die Filialen also doch auf die Liquidität der Zentrale. Zwar sollen die Filialen größere Abhebungen der Zentrale vorher anzeigen, aber diese Bestimmung, durch die die Zentrale sich etwas zu entlasten sucht, hat doch nur den Wert einer Erziehungsvorschrift; wenn eine Filiale plötzlich Geld braucht, kann die Zentrale es ihr natürlich nicht verweigern.

Die Depositenkassen, die kein Reichsbank-Girokonto unterhalten, sind natürlich voll und ganz auf die ihnen übergeordneten Stellen hinsichtlich der Zahlungsmittelbeschaffung angewiesen. Hier liegen die Verhältnisse aber wesentlich einfacher, weil die Depositenkassen im Grunde nur Zweigbureaus der Zentrale oder einer Filiale sind und ihr Geldbedarf von der übergeordneten Stelle leicht mitberücksichtigt werden kann. Zudem sind bei den Depositenkassen in der Regel die Anspannungen nicht so groß wie bei den Filialen; denn Kunden mit großen Umsätzen unterhalten meist ein Konto bei der Hauptstelle.

2. Geldverwertung.

Auch für die Geldverwertung der Filialen spielt die Zentrale eine große Rolle. Die Filialen führen ihre freien Gelder an die Hauptbank ab. Ist es bedenklich, wenn die Filialen sich bei der Beschaffung von Zahlungsmitteln allzusehr auf die Zentrale stützen, so ist der Vorgang, daß die Zentrale die freien Gelder der Filialen und Depositenkassen sammelt, natürlich erwünscht. Und die Zentrale sucht bewußt, sei es durch direkte Vorschriften, sei es durch ihre Zinspolitik, die freien Gelder ihrer Zweigniederlassungen in einem Sammelbecken bei sich zu vereinigen. Aber man muß auch bedenken, daß durch die Ansammlung der freien Gelder bei der Zentrale die Filialen nur noch in beschränktem Maße für ihre Liquidität Sorge tragen können. Sie nehmen Gelder ihrer Kunden als Depositen an und leihen diese Gelder an die Zentrale aus; fordern die Kunden ihre Guthaben zurück, so müssen die Filialen sich an die Zentrale wenden und sich auf deren Liquidität verlassen. So vorteilhaft es für eine Bank auch ist, und so erwünscht es vom volkswirtschaftlichen Standpunkt aus ist, mit Hilfe einer ausgedehnten Filialorganisation aus kapitalreichen Gegenden fremde Gelder aufzunehmen, um sie in kapitalbedürftigen Gegenden auszuleihen — wobei allerdings unter Umständen lokal gebrauchte Gelder dem Bezirk verloren gehen können —, so gefahrenreich ist es auch für eine Bank, wenn aus irgendeinem Grunde die Depositen in großem Umfang zurückgefordert werden und die Forderungen der Bank nicht liquide sind.

Für die Filialen bedeutet die Anlage ihrer freien Gelder bei der Zentrale eine Vereinfachung des Geschäftsganges, aber zugleich auch eine Beschränkung ihrer Selbständigkeit, die aber hier selbstverständlich notwendig ist. Die Zentrale wird durch das Ansammeln der freien Gelder zur Ausgleichstelle zwischen Filialen mit überschüssigen Geldern und solchen mit Kapitalbedarf. Außerdem kann sie, an einer Zentralstelle des Wirtschaftslebens sitzend, den Geldmarkt besser überschauen als die Leiter einer Provinzfiliale und die Gelder nutzbringender anlegen.

3. Überweisungsverkehr.

Von besonderer Bedeutung ist die Mitwirkung der Zentrale beim Überweisungsverkehr. Theoretisch ist jede Filiale in der Lage, über das Konto der Zentrale Überweisungen an jede beliebige Bank zu machen, da die Hauptbank mit allen größeren Banken in laufender Rechnung steht. Zwar werden in der Praxis viele Überweisungen durch die Reichsbank ausgeführt, weil auf dem anderen Wege — der Verrechnung der Banken untereinander — zu viele Konten bei verschiedenen Banken angerufen werden müssen; aber der Billigkeit halber geschehen doch auch zahlreiche Überweisungen ohne Hilfe der Reichsbank. Die Frage, ob eine Überweisung durch die Zentrale oder durch die Reichsbank erfolgen soll, hängt von verschiedenen Gesichtspunkten ab. Der Wunsch des Überweisenden, welcher Weg benutzt werden soll, die Bankverbindung des Zahlungsempfängers — ob Reichsbankgirokonto oder Konto bei einer zum Konzern gehörigen Bank —, die Dringlichkeit der

Überweisung und vor allem die richtige Disposition über die freien Gelder der Filialen sind hier die hauptsächlichsten Gesichtspunkte. In den allgemeinen Geschäftsbedingungen behalten sich die Banken den Weg, auf dem eine Überweisung erfolgen soll, stets vor.

Große Bedeutung hat die Zentrale vor allem für den Verrechnungsverkehr der Filialen untereinander, der bei allen Kreditbanken einen erheblichen Umfang annimmt. Nicht alle Schwesteranstalten stehen im Kontokorrentverkehr miteinander, sondern meist nur solche, zwischen denen der Verkehr sehr ausgedehnt ist. Die Verrechnung zwischen Filialen, die nicht in laufender Rechnung miteinander stehen, erfolgt über „Konto Zentrale“. Banktechnisch vollzieht sich der Vorgang folgendermaßen: Hat eine Filiale eine Überweisung an einen Ort X zu machen, an dem sich eine Schwesteranstalt befindet, so weist sie diese an, den Betrag dem Empfänger zu vergüten. Zu gleicher Zeit belastet sie den Auftraggeber und erkennt die Zentrale wegen Filiale X. Von dieser Gutschrift wird die Zentrale aber erst von der Filiale X benachrichtigt, wenn die Überweisung ausgeführt ist. Die Zentrale erkennt nun Filiale X und belastet die andere Filiale, die durch diese Lastschrift erfährt, daß die Vergütung ausgeführt ist. Dieser Weg ist einfach und billig. Kosten entstehen durch die Benachrichtigung der Filiale X in Höhe des Portos einer Postkarte und die Ausführung der notwendigen Buchungen und des Schriftverkehrs. Da zwischen der Zentrale und den Filialen täglich Briefe gewechselt werden, kann man diese Portokosten außer acht lassen. Der oben beschriebene Weg kann aber noch vereinfacht werden, wenn die Überweisung nicht eilig ist oder wenn der Zahlungsempfänger ein Konto bei der Filiale X unterhält und der Betrag somit entsprechend valutiert werden kann. In diesem Falle wird die Filiale X überhaupt nicht benachrichtigt, sondern der Zentrale direkt Gutschriftsaufgabe über den zu überweisenden Betrag für Filiale X wegen des Zahlungsempfängers Y erteilt. Die Zentrale belastet die auftraggebende Filiale und erkennt Filiale X, die sie auch benachrichtigt. Ist die Überweisung ausgeführt, so wird sie auf dem umgekehrten Wege von Filiale X aus bestätigt. Direkte Kosten sind nicht entstanden, wenn man die Kosten für die zu benutzenden Formulare außer Acht läßt.

Aber auch an dem Verrechnungsverkehr der Filialen, die im Kontokorrentverkehr stehen, ist die Zentrale beteiligt. Die Filialen haben nämlich das Bestreben, größere Salden über die Zentrale sofort auszugleichen, wenn z. B. die Zentrale höhere Zinsen vergütet, als die Filialen unter sich. Diese vielfach sehr häufigen Überweisungen zwecks Saldoausgleichs verursachen einen ziemlichen Aufwand an Arbeit durch Erledigung des hierdurch entstehenden Schriftverkehrs und Ausführung der notwendigen Buchungen. Überdies wird ja an dem Gesamtgewinn der Kreditbank nichts geändert, nur die einzelne Filiale kann durch solche Überweisung ihr Jahresergebnis verbessern, was dann allerdings der Tantieme der Filialleitung zugute kommt. Ein Saldoausgleich zwischen den einzelnen Filialen ist natürlich notwendig, wenn es sich um größere Beträge handelt; Überträge kleinerer Summen kann die Zentrale durch eine entsprechende Zinspolitik oder durch die Bestimmung, daß ein Saldoausgleich nur zu bestimmten Zeitpunkten — meist zweimal wöchentlich — geschehen soll, verhüten.

Ähnlich wie der Verkehr mit den Filialen, die nicht im direkten Verkehr miteinander stehen, vollzieht sich die Verrechnung mit fremden Banken über das Konto der Zentrale. Hat z. B. eine Filiale eine Überweisung an eine fremde Bank zu machen, so bittet sie die Zentrale, diese Überweisung auszuführen. Aber auch da, wo eine direkte Verrechnung zwischen einer Filiale und einer anderen Bank stattfindet, wird die Zentrale häufig in Anspruch genommen, und zwar auch hier wieder zum Ausgleich größerer Salden. Solche Überweisungen liegen natürlich im Interesse der Kreditbank, da sie eine Kapitalzersplitterung verhüten.

Natürlich führen die Filialen auch viele Überweisungen durch die Reichsbank aus. Bei den meisten Filialen sind zwar die Überweisungen durch die Reichsbank an Zahl geringer im Vergleich zu den Buchübertragungen, die Höhe der überwiesenen Beträge ist jedoch größer. Denn selbst da, wo eine größere Überweisung direkt zwischen zwei Banken verrechnet werden kann, ein entsprechendes Guthaben aber nicht vorhanden ist, so daß der durch die Überweisung entstehende Debetsaldo wieder ausgeglichen werden muß, ist es einfacher, den Betrag direkt durch die Reichsbank zu überweisen. Aber auch an dem Verkehr zwischen Reichsbank und Filialen ist die Zentrale keineswegs unbeteiligt, wie wir schon bei der Frage der Geldbeschaffung und Geldverwertung der Zweigniederlassungen gesehen haben.

Die Mitwirkung der Zentrale bei dem Überweisungsverkehr der Filialen ist also sehr vielseitig. Vor allem hat sie die erheblichen Kosten für die Mehrarbeit zu tragen, die ihr aus der Bewältigung des Filialüberweisungsverkehrs erwächst. Man darf diese Kosten nicht unterschätzen; bei einer Kreditbank mit einem ausgedehnten Filialnetz sind sie außerordentlich groß und werden keineswegs dadurch ausgeglichen, daß die Zweigniederlassungen auch einen Teil des Verrechnungsverkehrs der Zentrale bewältigen. Auf die Vorteile, die dem Gesamtinstitut durch die Mitwirkung der Zentrale beim Überweisungsverkehr entstehen, wird noch hinzuweisen sein.

Es ist erklärlich, daß leicht Unstimmigkeiten bei den zahlreichen Buchübertragungen vorkommen können. Zwar ist die doppelte Buchführung hier ein ausgezeichnetes Kontrollmittel, aber es können doch

Irrtümer unterlaufen. So wird beispielsweise jede Überweisungsaufgabe bestätigt, und es kann geschehen, daß Aufgabe und Bestätigung verwechselt werden, d. h., daß die betreffende Überweisung bei einer Stelle zweimal verbucht wird. Um solche Fehler zu vermeiden, hat man, wie schon erwähnt, ein bis in das kleinste gehendes Formularwesen geschaffen und das Rechnungswesen der Zentrale und der Filialen jeder Kreditbank gleich organisiert. Die Folge davon kann sein, daß eine Filiale mit einer Buchführung und einem Formularwesen ausgestattet ist, die dem Geschäftsumfang der Zentrale und der größeren Filialen entsprechen, die aber für sie unpraktisch und kostspielig ist. Denn je komplizierter das Rechnungswesen gestaltet ist, um so größer muß die Zahl der Beamten sein, um so schematischer wird auch die Arbeit der Bankangestellten und um so weniger individuell wird der Kunde behandelt. Es ist bezeichnend, daß bei der Reichsbank, die den größten Überweisungsverkehr hat, die Arbeit der Beamten ein Maximum von Mechanisierung erreicht hat.

Bei kleineren Kreditbanken besteht bisweilen die Bestimmung, daß sämtliche Geschäfte der Filialen untereinander über das Konto der Zentrale laufen müssen[1]). Es ist zweifelhaft, ob eine solche Anweisung, die einen großen Aufwand an Arbeit und eine Erschwerung des Geschäftsbetriebes zur Folge hat, trotz Schaffung einer vorzüglichen Kontrolle zweckmäßig ist.

Anders ist diese Bestimmung bei der Reichsbank zu beurteilen. Die Reichshauptbank in Berlin besorgt die Verrechnung der Zweiganstalten untereinander. Diese stehen zwar in direktem Verkehr miteinander — mit Ausnahme kleiner Nebenstellen —, nicht aber in direkter Verrechnung. Da bei den Zweigstellen der Reichsbank nur Überweisungen an andere Zweiganstalten, nicht aber an fremde Banken in Frage kommen, ist es für die Reichshauptbank schon eher möglich, den Verrechnungsverkehr zwischen den Zweigstellen zu vermitteln, zumal die betreffende Mitteilung an die empfangende Bankanstalt von der überweisenden Stelle erfolgt.

Bei den Depositenkassen ist der Überweisungsverkehr fast durchweg bei der übergeordneten Stelle zentralisiert. Da sie kein eigenes Girokonto bei der Reichsbank unterhalten, ist dieser Weg der gegebene. In großen Städten haben die Kreditbanken ihre Depositenkassen einer sog. Depositenkassenzentrale unterstellt[2]). Diese vermittelt den gesamten Verkehr der Depositenkassen untereinander, mit der Hauptbank und mit fremden Banken. Die Depositenkassenzentrale ist in der Hauptsache ein Organ der Geschäftsvermittlung, zugleich dient sie aber auch als Sammelstelle der Geschäftsergebnisse der unterstellten Depositenkassen und als Kontrollstelle für deren regelrechte und ordnungsmäßige Geschäftsführung. Die Einrichtung der Depositenkassenzentrale ist sehr zweckmäßig. Hat eine Depositenkasse für einen Kunden eine

---

[1]) Strauch, a. a. O. S. 14. [2]) Wiernik, a. a. O. S. 147.

Überweisung auszuführen, so füllt sie zwei Überweisungsformulare aus, die sie der Depositenkassenzentrale einreicht. Eines von diesen Formularen behält die Depositenkassenzentrale und bucht entsprechend, das zweite gibt sie abgestempelt weiter — wenn die Überweisung für die Hauptbank oder für eine Depositenkasse bestimmt ist — oder überträgt es auf einen besonderen Vordruck. Die Gestaltung des Überweisungsverkehrs ist also hier verhältnismäßig einfach. Schwierigkeiten ergeben sich nur bei Überweisungen, die ohne Avis einlaufen, da diese dem Reichsbankkonto der Hauptbank gutgeschrieben werden. Es ist daher notwendig, daß die Hauptbank ein Verzeichnis sämtlicher Kunden der Depositenkassen besitzt. Natürlich ist die hier beschriebene Einschaltung einer Depositenkassenzentrale nur möglich, wenn die unterstellten Depositenkassen sich an einem Platze befinden. Nun sind ja die geschäftlichen Beziehungen zwischen den Depositenkassen und der übergeordneten Stelle in ungefähr gleicher Weise geregelt, wenn eine Filiale oder die Hauptbank selbst an die Stelle der Depositenkassenzentrale tritt. Depositenkassen, die sich nicht am Ort der Zentrale oder einer Filiale befinden, muß man den direkten Verkehr mit anderen Filialen und anderen Banken sowie andere Freiheiten gestatten, weil der Geschäftsverkehr sonst allzu sehr verzögert würde.

4. Wechsel- und Scheckverkehr.

Auch beim Wechsel- und Scheckverkehr ist die Mitwirkung der Zentrale erheblich. Die meisten Filialen unterhalten ein eigenes Wechselportefeuille; nur die kleinen Zweigniederlassungen und die Depositenkassen senden ihren Wechselbestand der Zentrale bzw. der ihnen übergeordneten Stelle ein. Aber auch dann, wenn die Filialen befugt sind, einen Wechselbestand zu halten, nehmen sie beim Inkasso die Hilfe der Zentrale in Anspruch. Sie senden ihr den größten Teil der Wechsel auf Bankplätze ungefähr 14 Tage vor Verfall ein. In der Regel schreibt die Zentrale den Filialen diese Wechsel per mittleren Verfall gut oder diskontiert sie. Wechsel auf größere Plätze schicken die Filialen ihrer dortigen Bankverbindung, falls eine solche besteht und die Bank nicht selbst an diesen Plätzen durch eine Niederlassung vertreten ist. Handelt es sich hierbei um größere Beträge, so wird die Zentrale wieder zum Saldoausgleich in Anspruch genommen.

Bedeutend ist auch der Anteil der Zentrale beim Scheckverkehr der Zentrale. Die Filialen sind meist Scheckeinlösestelle einer großen Anzahl von Banken, zu denen sie aber sonst in keiner Weise in Beziehung stehen. Das bedeutet, daß sie verpflichtet sind, solche Schecks kostenfrei einzuziehen. Schecks über kleinere Beträge werden der Portoersparnis halber der Zentrale zum Inkasso gesandt; Schecks, die über größere Summen lauten, senden die Filialen direkt an die bezogenen Banken, um einen Zinsverlust zu vermeiden. Doch auch in diesem Falle geschieht die Verrechnung über das Konto der Zentrale. Wenn sich die Filialen den Gegenwert durch die Reichsbank überweisen lassen, ist unter Umständen der Zinsverlust sehr groß. Umgekehrt werden die Filialen zahlreiche Schecks auf sie von solchen Banken eingeschickt, die als Zahlstellen auf ihren Schecks bezeichnet sind. Auch hier erfolgt die Überweisung des Gegenwertes fast immer durch die Zentrale.

Die Mitwirkung der Zentrale beim Inkassoverkehr ist also sehr weitgehend und vollzieht sich ähnlich wie beim Giroverkehr. Bei einem ausgedehnten Inkassoverkehr stellt sich aber leicht ein Nachteil ein, der durch das Dazwischenschalten der Zentrale hervorgerufen wird. Werden nämlich Wechsel und Schecks in größerer Zahl der Zentrale von einer Filiale zum Einzug übersandt, so schreibt die Zentrale der Filiale die gesamten Wechsel in einer Summe gut. Die betreffende Filiale erhält von der Zentrale mithin keine Nachricht von dem Eingang jedes einzelnen Papiers. Wenn man bedenkt, daß ein nichtbezahltes Papier von den Banken erst am zweiten Tage nach dem Verfalltag protestiert und hierauf als Rückwechsel dem Vordermann zurückgereicht wird, ist es leicht möglich, daß die Filiale erst 8—14 Tage nach Verfall das Papier zurück erhält, falls es von der Zentrale weitergegeben worden ist. Erst nach Ablauf dieser Frist kann sie annehmen, daß der Wechsel, wenn sie ihn nicht zurückerhalten hat, eingelöst worden ist. Um diesem Mangel abzuhelfen, heften die Filialen den Wechseln und Schecks Zettel an, auf denen die einziehende Bank gebeten wird, bei Eingang des Gegenwertes des Inkassopapiers den angehefteten Zettel zum Zeichen der Einlösung mit ihrer Unterschrift versehen sofort zurückzusenden. Da dieser Bitte aber häufig nicht entsprochen wird, sind beim Inkassoverkehr Rückfragen über die Zentrale unvermeidlich. Immerhin ist die Besorgung der Einziehung von Wechseln und Schecks durch die Zentrale von großem Vorteil für die Filialen, da sie hierdurch eine bedeutende Arbeit- und Portoersparnis erzielen.

5. Devisen-, Effekten- und Couponverkehr.

Vor dem Kriege unterhielten die Filialen zum Teil Guthaben bei fremden Banken in Ländern mit stabiler Währung zur Devisenbeschaffung. Diese Guthaben verschafften sie sich vielfach durch die Zentrale auf dem Wege der Überweisung. Diejenigen Filialen, denen es nicht gestattet war, Guthaben im Auslande zu unterhalten, ließen Auszahlungen im Ausland direkt durch die Zentrale besorgen. Im allgemeinen vollzog sich der Devisenverkehr analog dem Überweisungs- und Wechselverkehr im Inland unter Mitwirkung der Zentrale. Nach dem Kriege haben die meisten Kreditbanken ihren Filialen die Unterhaltung von eigenen Guthaben im Ausland des Währungsrisikos wegen ganz verboten; nur in Ausnahmefällen ist es größeren Filialen gestattet, unter bestimmten Einschränkungen Guthaben im Ausland zum Zwecke der Devisenbeschaffung zu unterhalten. In der Hauptsache treten die Filialen bei der Devisenbeschaffung als Kommissionäre auf, indem sie Devisen an der Börse selbst kaufen und verkaufen, oder durch die Zentrale beziehen. Devisengeschäfte für eigene Rechnung, ausgenommen reine Arbitragegeschäfte, sind den Filialen — wie gesagt — meist verboten.

Aufträge zum An- und Verkauf von Effekten geben die Filialen, falls die Zentrale ihren Sitz in Berlin hat, an diese weiter. Man kann aber nicht sagen, daß die Vermittlung der Zentrale von besonderem Vorteil für die Filialen sei, denn die Hauptbank behandelt ihre Filialen in diesem Geschäft wie andere Bankkunden, d. h. sie berechnet ihnen die gleichen Provisionen, selbst wenn sie das Geschäft „in sich“ ausführt. Immerhin können die Filialen damit rechnen, daß sie von der Zentrale besser bedient werden als von einer fremden Bank. Hingegen ist bei der Einziehung von Coupons die Mithilfe der Zentrale von Bedeutung. In der Regel senden die Filialen die fälligen Coupons der Zentrale zum Einzug; die Verrechnung erfolgt ähnlich wie beim Inkasso der Wechsel und Schecks. Für die Filialen ergibt sich hierbei eine erhebliche Ersparung an Arbeit und Portokosten. In gleicher Weise vollzieht sich die Mitwirkung der Zentrale bei der Besorgung neuer Bogen, beim Einzug verloster Effekten usw.

6. Zusammenfassung.

In der Geldbeschaffung und in der Geldverwertung, im Überweisungs-, Wechsel-, Devisenverkehr usw. stützen sich also die Filialen, wie wir gesehen haben, in erheblicher Weise auf die Zentralen. Man darf weder die Arbeit- und Kostenserparnis, die den Filialen hierdurch entsteht, noch die Mehraufwendungen der Zentrale unterschätzen. Da aber Zentrale und Filiale eine geschlossene wirtschaftliche Einheit bilden, kommt es hier allein auf das Gesamtergebnis an, und es steht außer Zweifel, daß das Dazwischenschalten der Zentrale in diesen Geschäften für die gesamte Kreditbank eine Vereinfachung des Geschäftsganges und eine Ersparnis von Zinsen und Portokosten zur Folge hat. Diese Vorteile sind nicht auf den ersten Blick erkennbar. Würde die Zentrale nicht die Vermittlung eines großen Teils der Filialgeschäfte übernehmen, so müßten die Filialen andere Banken in Anspruch nehmen. Diese Banken würden für ihre Vermittlung entweder Gebühren berechnen oder ihrerseits die Vermittlung der Filialen für Gegengeschäfte in Anspruch nehmen, wodurch den Filialen ebenfalls Arbeit und Kosten entständen. Bei der Vermittlung der Zentrale sind zwar auch Arbeit und Kosten zu berücksichtigen. Eine wesentliche Ersparung entsteht hier jedoch durch die Organisation des Geschäftsverkehrs, die — wie oben betont — eine Vereinfachung des Geschäftsganges und eine Ersparnis an Zinsen und Portokosten durch Zusammenfassung sowohl des Kapitals als auch der Überweisungen innerhalb einer Kreditbank zur Folge hat. Außerdem entsteht der Zentrale durch ihre Vermittlung eine gute Kontrollmöglichkeit. Diesem Vorteil steht allerdings der Nachteil einer Schematisierung der banktechnischen Arbeit gegenüber. Vom Standpunkt des Gesamtinstituts aus betrachtet, überwiegen jedoch bei weitem die Vorteile, die durch die Sammel- und Vermittlungstätigkeit der Zentrale hervorgerufen werden.

Wie sehr sich der Verkehr bei den Zentralen in Berlin konzentriert, stellt Bosenik bei der Deutschen Bank fest, der einzigen Bank, die bis 1910 die Umsätze der Zentrale getrennt angibt: „Von dem Gesamtumsatz entfallen im Ausgangsdurchschnitt 1871—75 etwa 62% auf die Zentrale in Berlin und nur 38% auf die Filialen. Im Laufe der Jahre drängen sich die Filialen mit ihren Anteilen stärker heran und 1906—10 finden wir im Durchschnittsumsatz pro Jahr gerechnet, die Filialen beinahe zur Hälfte am Gesamtumsatz beteiligt, nämlich mit 49%. Hieraus folgt, daß absolut die Umsätze der Filialen, vom Ausgangs- zum Endjahr gerechnet, besonders stark gestiegen sind. Andererseits sehen wir, trotz der für die Zentrale ungünstiger werdenden Relation die absolut ganz gewaltige Bedeutung des Geschäftes in Berlin. Über die Hälfte aller Umsätze der Deutschen Bank konzentriert sich trotz des Netzes zahlreicher Filialen in Berlin."

Wenn man in Betracht zieht, daß sich ein gewaltiger Teil des Geschäftsverkehrs der Filialen bei der Zentrale abspielt, ist die Feststellung Boseniks nicht so verwunderlich, wie es auf den ersten Blick scheint.

C. Die Verrechnung zwischen Zentrale und Filialen.

Für die Verrechnung zwischen Zentrale und Filialen sind folgende Gesichtspunkte von Bedeutung:

a) die Berechnung von Zinsen und Gebühren,

b) die Gewinnberechnung der Filialen und die Verrechnung des Jahresgewinns mit der Zentrale,

c) die Tantiemeberechnung der Filialleiter.

Was die Berechnung von Zinsen und Gebühren zwischen Zentrale und Filialen anbelangt, so ist sie in zweifacher Hinsicht von Bedeutung. Erstens beeinflußt sie die gesamte Geschäftspolitik der Filialen, und zweitens spielt sie bei der Beurteilung der Rentabilität der Zweigniederlassungen eine Rolle.

Zur Erzielung einer einheitlichen Geschäftspolitik innerhalb der Kreditbank stehen der Zentrale zwei Mittel zur Verfügung. Das eine besteht — wie oben erwähnt — in einer geschickten Zinspolitik der Zentrale. Das zweite, gröbere Mittel besteht darin, durch Erlaß von Vorschriften und Anweisungen den Filialen bestimmte Geschäfte zu verbieten und sie zu anderen Geschäften zu zwingen. Dieser zweite Weg bringt aber eine Reihe von Nachteilen mit sich: er lähmt die Initiative der Filialleiter und macht sie zu Verwaltungsbeamten; er ist plump und hindert die Ausnutzung gewinnbringender Möglichkeiten, die sich den einzelnen Filialen erschließen. Außerdem wirkt er hemmend auf den Geschäftsverkehr der Banken. Denn die deutschen Kreditbanken pflegen — wie immer betont werden muß — alle bankmäßigen Geschäfte; den Aktivgeschäften sollen entsprechende Passivgeschäfte gegenüberstehen; da aber bei den einzelnen Zweigniederlassungen die Verhältnisse verschieden liegen, können sie nicht generell von einer Zentralstelle aus geregelt werden. Allzu enge Bindungen durch allgemeine Anweisungen sind aus diesen Gründen von Nachteil. Natürlich müssen Bestimmungen getroffen werden, um eine einheitliche Geschäftspolitik zu gewährleisten. Diese Bestimmungen dürfen sich aber nicht bis auf letzte Einzelheiten erstrecken und den Filialen jede selbständige Tätigkeit nehmen.

1. Zinspolitik der Zentrale.

In der Zinspolitik den Filialen gegenüber steht der Zentrale — wie oben erwähnt — ein zweites, zugleich feineres Instrument zur Verfügung, um Einfluß auf die Geschäftsführung der Zweigniederlassungen zu gewinnen. Zwar scheint es auf den ersten Blick widersinnig zu sein, wenn Zentrale und Filialen sich gegenseitig Zinsen in Anrechnung bringen, da ja an dem Gesamtresultat der Kreditbank hierdurch nichts geändert wird. Bei näherem Zusehen findet man aber, daß die durch die Zinsberechnung verursachte Arbeit keineswegs zwecklos ist.

Bei allen Kreditbanken werden daher Zinsen zwischen der Zentrale und den Filialen verrechnet. Die Festsetzung des Zinsfußes — mit anderen Worten die Zinspolitik — wird jedoch bei den einzelnen Kreditbanken nicht gleichmäßig gehandhabt.

Banktechnisch vollzieht sich die Berechnung von Zinsen zwischen Zentrale und Filialen folgendermaßen:

Zentrale und Filialen behandeln sich gegenseitig wie Kunden, d. h. alle Geschäftsvorfälle zwischen ihnen finden ihren Niederschlag auf einem laufenden Konto. Bei der Zentrale hat man die Konten der Zweigstellen in der Regel in einem besonderen Buch von den Konten der anderen Banken ausgesondert; die Filialen führen meist das Konto der Zentrale zusammen mit den der anderen Banken und Bankiers. Da der Umfang des „Konto-Zentrale“ bei allen Filialen sehr groß ist, schicken die Filialen meist jeden Monat einen Auszug dieses Kontos an die Zentrale mit ausgerechneten Zinsen. Die Zentrale vergleicht die Auszüge mit den bei ihr geführten Konten der Filialen; etwaige Differenzen werden richtiggestellt.

Wenn eine Filiale mit einem festen Eigenkapital ausgestattet wird, erscheint die betreffende Summe auf einem besonderen „Kapitalkonto". Eine Verzinsung des der Filiale zugeteilten festen Eigenkapitals findet nicht statt. Sie erübrigt sich schon aus dem Grunde, weil das Filialkapital einen Teil des Aktienkapitals der Kreditbank darstellt. Auch bleibt das feste Kapital, mit dem die Filialen ausgestattet sind, im allgemeinen unverändert. Eine Zinsberechnung wäre zudem auf die Geschäftsführung der Filialen ohne Einfluß, eben weil es nicht in der Macht der Filialleiter liegt, dieses Kapital zu erhöhen oder herabzusetzen. Die Ausstattung mit einem zinsfreien Kapital ist für eine Filiale von großem Vorteil, da sie im Gegensatz zu den nur mit Kredit ausgestatteten Filialen unentgeltliches Betriebskapital besitzt. Eine andere Frage ist daher die, ob bei der Tantiemeberechnung der Filialleiter ein Zins auf das Eigenkapital in Abzug gebracht werden soll. Hierüber wird an anderer Stelle zu sprechen sein.

Kredite, welche die Filialen — auch die mit einem festen Eigenkapital ausgestatteten — bei der Zentrale in Anspruch nehmen, oder Guthaben, die sie bei der Zentrale unterhalten, werden auf dem Konto der Zentrale verbucht. Diese Posten werden verzinst.

Bei der Untersuchung der W i r k u n g hoher oder niedriger Zinsen auf die Geschäftspolitik der Filialen muß man unterscheiden:

1. Filialen, die dauernd den Kredit der Zentrale in Anspruch nehmen,
2. Filialen, die in der Regel Guthaben bei der Zentrale unterhalten.

Dagegen scheiden solche Filialen, bei denen Kreditoren und Debitoren sich ungefähr die Wage halten, aus unserer Betrachtung aus, da für sie der Zinssatz der Zentrale keine große Bedeutung hat. Naturgemäß muß die Rentabilität dieser Filialen am größten sein; denn sie arbeiten ja ohne Inanspruchnahme des Bankkapitals.

Filialen, die nur vom K r e d i t der Zentrale leben, sind natürlich am meisten an der Höhe des Zinsfußes für ihr Darlehen von der Zentrale interessiert. Ihnen ist ein niedriger Zins am erwünschtesten. Würde die Zentrale den Zinsfuß so niedrig wählen, daß er geringer als der Zins der Depositen ist, oder selbst gleich diesem, so hätten die Filialen kein Interesse an dem Aufsuchen von Depositen. Sie würden dieses Geschäft vernachlässigen, das Geld der Zentrale billig nehmen und an ihre Kunden ausleihen. Besonders in geldknappen Zeiten, wenn der Banksatz hoch wäre, würden sie diese Politik verfolgen, die dem Gesamtinstitut nicht förderlich wäre. Umgekehrt — bei sehr hohem Zinssatz der Zentrale — wäre das Kreditgeschäft für die Filialen vielleicht nicht mehr lohnend genug, sie würden sich ganz dem Depositengeschäft widmen und die Depositengelder bei der Zentrale anlegen. Auch diese Politik liegt nicht im Interesse der gesamten Bank. Sehr hoher und sehr mäßiger Zins sind also beide gleich schädlich. Die Zentrale kann auch nicht für einzelne Filialen einen besonderen Zinssatz festsetzen, je nachdem es sich um Filialen in kapitalreichen oder in kapitalbedürftigen Gegenden handelt. Herrscht bei einer Kreditbank Mangel an fremden Geldern, so wird die Zentrale den Filialen einen hohen Zins in Anrechnung bringen, um die Zweigniederlassungen anzuspornen, Depositen zu suchen. Besteht umgekehrt bei der Kreditbank ein Überfluß an fremden Geldern, so ist ein niedriger Zinsfuß das beste Agens für die Filialen, den Kreditverkehr zu pflegen. Der Zentrale wird durch das Herauf- oder Herabsetzen des Zinsfußes für Guthaben oder Schulden der Filialen bei ihr die Möglichkeit gegeben, die Geschäftstätigkeit der gesamten Kreditbank der Lage des Geld- und Kapitalmarktes anzupassen. Von dieser Zinspolitik machen die Kreditbanken weitgehenden Gebrauch. In der Regel setzt die Zentrale jeden Monat den Zinsfuß fest, der Schwankungen je nach der Lage des Geldmarktes aufweist. Meist richtet er sich nach dem Banksatz, da dieser in normalen Zeiten der beste Maßstab für die Lage des Geldmarktes ist. Eine Provinzaktienbank, die dauernd an einem Mangel fremder Gelder litt, setzte den Zinsfuß für den Verkehr mit ihren Filialen sogar auf 2% über Banksatz fest. Eine solche Maßnahme wirkt auf jeden Fall besser als die bloße Vorschrift, daß die Filialen diesen oder jenen Zweig des Bankgeschäftes bevorzugen sollen. Da die Filialen der Zentrale jeden Monat einen Auszug ihres Kontos mit ausgerechneten Zinszahlen einsenden, macht selbst eine monatliche Änderung des Zinsfußes keine technischen Schwierigkeiten. Eine geschickte Zinspolitik erleichtert es der Zentrale in großem Maße, den Ausgleich zwischen den an sie herantretenden Kreditbedürfnissen und den vorhandenen Mitteln herbeizuführen. Die Filialen, die im Kontokorrentverkehr miteinander stehen, rechnen sich gegenseitig 3—4% Zinsen, sowohl für Guthaben als auch für Schulden, jedenfalls aber berechnen sie einen geringeren Zins als die Zentrale. Einige Großbanken sind sogar dazu übergegangen, die Zinsberechnung der Filialen miteinander ganz fallen zu lassen in der Erwägung, daß die aufgewendete Arbeit in keinem Verhältnis zu dem Zinserträgnis steht, das ja zudem den Gewinn des Gesamtinstituts hier nicht beeinflußt. Wie schon erwähnt, finden daher häufig Überträge auf das Konto der Zentrale statt, weil diese höhere Zinsen vergütet. Auch hier bewirkt die Zinspolitik der Zentrale, daß sich die freien Gelder der Filialen mehr bei ihr ansammeln. Mit welcher Schnelligkeit und Bestimmtheit die Zweigstellen auf die Zinspolitik der Zentrale reagieren, zeigt die Tatsache, daß Überträge auf das

Konto der Zentrale vielfach voreilig und auch zu häufig ausgeführt werden.

Die Zinspolitik der Zentrale wirkt also nach 2 Richtungen:

1. Sie veranlaßt die Filialen nach dem Willen der Zentrale — also im Interesse des Gesamtinstituts — entweder das Kreditgeschäft oder das Depositengeschäft zu bevorzugen. Sie fördert bis zu einem gewissen Grade die Ausübung einer einheitlichen Geschäftspolitik.

2. Sie hat zur Folge, daß die freien Gelder der Filialen schnell bei der Zentrale wie in einem Sammelbecken vereinigt werden.

Allerdings versagt die Zinspolitik solchen Geschäften gegenüber, die einen höheren Gewinn als den Zinsgewinn, den die Filialen aus ihrem Guthaben bei der Zentrale ziehen, abwerfen. Das sind die risikoreichen Geschäfte, wie z. B. Kreditgewährung zu langfristigen Geschäften oder gar Eigenspekulationen, die daher von der Zentrale in anderer Weise beeinflußt oder verboten werden müssen.

Aber nicht nur mittels eines veränderlichen Zinses kann die Zentrale Einfluß auf die Geschäftspolitik der Filialen gewinnen, sondern auch durch andere Verrechnungsmittel wie Valutierungen, Gebühren- und Spesenverrechnung. Das Ziel der Zentrale ist, die Geschäfte der Filialen zu vermitteln, sofern nicht die direkte Verrechnung der Zweiganstalten mit fremden Banken im einzelnen billiger ist. Dadurch, daß ein großer Teil aller Geschäfte bei der Zentrale vereinigt wird, tritt aus Gründen der Portoersparnis eine Verbilligung ein. Außerdem wird das Kapital der Kreditbank nicht zersplittert, und endlich erhält die Zentrale einen Überblick über die gesamten Geschäfte ihrer Filialen und damit auch eine gewisse Kontrolle. Die Zentrale sucht so zum Sammel-, Vermittlungs- und Kontrollorgan ihrer Zweigstellen zu werden. So erklärt es sich, daß sie an den Vermittlungsgeschäften für ihre Filialen nicht verdienen will. Sie valutiert z. B. Schecks auf sie, die ihr von den Zweigniederlassungen eingeschickt werden, vielfach Tag der Absendung, Schecks auf den Ort ihres Sitzes, Tag der Ankunft.

Die Berechnung von Gebühren zwischen Zentrale und Filialen wird bei den einzelnen Kreditbanken verschieden gehandhabt. Manche Zentralen und Filialen berechnen sich gegenseitig keine Gebühren, sofern ihnen nicht selbst von anderen Banken Spesen berechnet werden. Bei manchen Kreditbanken berechnen sich Zentrale und Filialen die gleichen Inkassospesen wie dem sonstigen Kunden (Inkassotarif). Andere Banken wieder berechnen zwar keine Inkassospesen zwischen Zentrale und Filialen, dafür aber valutieren sie die Inkassopapiere einige Tage nach Fälligkeit. Dagegen ist es allgemein üblich, daß die Zentrale bei Rückwechselsendungen die ihr gesetzlich zustehende Provision berechnet, da die Filiale nochmals ihre Provision in Anrechnung bringen darf; hier kommt die Doppelberechnung dem Gesamtinstitut zugute.

Für die Beurteilung der Rentabilität der Filialen ist die Zinspolitik der Zentrale, wie schon erwähnt, von Bedeutung. Einer der wichtigsten Gesichtspunkte ist hier die Vergleichbarkeit der Gewinne, und zwar die der verschiedenen Perioden und der verschiedenen Filialen. Zu diesem Zweck ist es notwendig, die Zinsen, die zwischen Zentrale und Filialen berechnet werden, möglichst dem jeweiligen Marktzinse anzupassen, weil ja sonst die Gewinne der einzelnen Jahre keinerlei Maßstäblichkeit aufweisen würden. Ferner ist es erforderlich, beim Vergleich der Rentabilität der Filialen mit festem Eigenkapital und solchen, die nur mit Kredit ausgestattet sind, auf das betreffende Eigenkapital Zinsen zu berechnen, und zwar in Höhe des im Jahre zwischen Zentrale und Filialen durchschnittlich berechneten Zinses.

2. Gewinnberechnung.

Die Filialen, auch die nicht mit eigenem Kapital ausgestatteten und die Depositenkassen, bilden einen Betrieb für sich, d. h. sie stellen halbjährlich eine eigene Bilanz mit Gewinn- und Verlustrechnung auf. Die Bilanzen der Filialen werden dann der Zentrale eingereicht und dort zu einer Generalbilanz zusammengefaßt. Vorher teilen die Filialen ihre Vorschläge betreffs Abschreibungen der Zentrale mit, die dann endgültig über die Höhen der Abschreibungen entscheidet. Die Filialbilanzen einer Kreditbank werden alle nach dem gleichen Schema aufgestellt, fast überall nach dem der Zweimonatsbilanzen der Berliner Großbanken. Bemerkenswert ist nur, daß die Filialen kein Rerservekonto führen, und daß sie keinen Gewinnvortrag haben. Diese beiden Posten erscheinen nur in der Bilanz der Zentrale.

Den „Reingewinn“ übertragen die Filialen am Ende eines jeden Geschäftsjahres auf das Konto der Zentrale. Der von den Filialen ausgewiesene Reingewinn stellt nun keineswegs ihren wirklich erzielten Gewinn dar, da er noch verschiedene Unkostenposten enthält, die von der Zentrale verrechnet werden. An erster Stelle sind hier eine Reihe von Steuern zu erwähnen. So wird die Körperschaftssteuer selbstverständlich nur von der Zentrale bezahlt. Früher wurde in der Regel auch die Staatseinkommensteuer von der Zentrale getragen, der Gemeindezuschlag hierauf jedoch von den Filialen geleistet. Grund-, Gebäude- und Gewerbesteuern werden von Filialen mit eigenem Kapital in der Regel selbst gezahlt, da es sich hier um Kommunalsteuern handelt, für die der einzelne Betrieb die Berechnungsgrundlage bildet; für die Depositenkassen und die Filialen, die nur mit Kredit ausgestattet sind, entrichtet in der Regel die Zentrale diese Steuern. Doch ist die Begleichung dieser Abgaben bei den einzelnen Kreditbanken verschieden.

Die Talonsteuer wird wieder von der Zentrale getragen, die hierfür jährliche Rückstellungen macht. Außer den Steuern trägt bei manchen Kreditbanken die Zentrale auch die Mieten, mitunter sogar auch die Gehälter der Beamten für die Depositenkassen und die Filialen ohne Eigenkapital. Sogar die Formulare und Bücher werden vielfach den unselbständigen Zweigstellen von der übergeordneten Stelle unentgeltlich geliefert, so daß in diesem Falle die ganzen Verwaltungskosten vom Gewinn der betreffenden Zweigstellen noch nicht abgesetzt sind. Die Gewinnbe- und -verrechnung der Filialen ist also bei den einzelnen Kreditbanken verschieden. Bedauerlicherweise weisen die Kreditbanken in ihren Bilanzen nicht die die Filialen betreffenden Gewinnziffern getrennt auf. Natürlich ist die Zentrale über die Rentabilität der einzelnen Filialen durch besondere Aufstellungen genau unterrichtet.

3. Tantiemeberechnung der Filialleiter.

Mit der Gewinnverrechnung steht die Tantiemeberechnung der Filialleiter und Depositenkassenvorsteher in gewissem Zusammenhang. Auch hier sind die Berechnungsgrundlagen bei den einzelnen Kreditbanken verschieden. Einige Banken berechnen die Tantieme ihrer Filialleiter nicht nach dem Gewinn der betreffenden Zweigstelle, sondern auf Grund des Alters. Es ist hier also der gleiche Gesichtspunkt, wie er für die Festsetzungen der Gratifikationen für die nichtselbständigen Beamten besteht. Man geht bei dieser Berechnung von der Überlegung aus, daß eine Tantiemezahlung, prozentual vom Erträgnis des Arbeitsgebietes des einzelnen Beamten gerechnet, leicht die Gefahr nach sich ziehe, daß die Beamten nicht das Wohl des Gesamtinstituts, sondern nur das ihrer Abteilung im Auge haben. Mir scheint diese Methode der Tantiemeberechnung und ihre Begründung nicht besonders gut zu sein. Wirtschaftlich betrachtet ist die Tantieme eine Belohnung der Filialleiter für den in einem bestimmten Zeitabschnitt von ihnen erzielten Geschäftserfolg. Zugleich soll die Tantieme ein Ansporn sein, einen möglichst hohen Gewinn zu erzielen. Beide Gesichtspunkte werden aber bei einer Berechnung der Tantieme nach dem Alter der Beamten nicht berücksichtigt. Der ursprüngliche Begriff der Tantieme ist hier nicht mehr vorhanden; man kann höchstens noch von einer Gratifikation sprechen. Die erwähnte Tantiemeberechnungsart birgt außerdem noch die Gefahr in sich, daß die Filialleiter zwar das Interesse des Gesamtinstituts im Auge haben, aber keinen besonderen Trieb in sich fühlen, durch Anknüpfung neuer Geschäftsverbindungen ihre Verantwortung zu vergrößern. Auch haben sie kein Interesse daran, daß die Kosten im eigenen Betriebe niedrig gehalten werden. Mit anderen Worten: die Filialleiter werden durch eine solche Tantiemepolitik zu Verwaltungsbeamten erzogen, ihre Unternehmungslust wird nicht gefördert. Endlich ist noch zu bedenken, daß die Zentrale die Tantieme nicht gut viel niedriger als im Vorjahre bemessen kann, selbst dann nicht, wenn das Geschäftsjahr nicht so gut wie das vorhergehende war. Diese Tantiemeberechnung scheint mir daher nicht zweckmäßig zu sein, obwohl sie gerade bei einigen großen Kreditbanken in dieser Weise gehandhabt wird.

Bei anderen Kreditbanken geschieht die Berechnung der Tantieme prozentual nach dem Erträgnis der betreffenden Filiale oder Depositenkasse. Die Anwendung dieser Methode hat zur Voraussetzung, daß die Leiter der Zweigstellen außer ihrer Tantieme ein ausreichendes Gehalt beziehen, so daß sie nicht so sehr auf die Tantieme angewiesen sind, und daß die Berechnung des Filialgewinns nach einheitlichen, vorher genau festgesetzten Regeln erfolgt, damit keine Unstimmigkeiten von Filialen zu Filialen und auch mit Rücksicht auf die Verschiedenartigkeit der Behandlung des Stammkapitals (Verzinsung) entstehen. Hier entsteht die weitere Frage, ob man die Tantieme der Filialleiter nach dem Bruttogewinn, nach dem Reingewinn oder gar nach dem Umsatz der betreffenden Filiale berechnen soll. Da die einzelnen Filialen mit verschieden großen Unkostenquoten arbeiten, bildet der Bruttogewinn keine gute Berechnungsgrundlage. Denn bei einem großen Bruttogewinn kann der Reingewinn nach Abrechnung der Unkosten sehr klein sein. Wie schon betont, müssen die Filialleiter unbedingt an der Niedrighaltung der Unkosten interessiert werden. Eine Tantiemeberechnung nach dem Umsatz der Filialen scheidet ganz aus, da der Umsatz im Bankgeschäft nur von geringer Bedeutung für die Größe des Gewinns ist. So bleibt der Reingewinn die beste Grundlage für die Tantiemeberechnung. Die Schwierigkeit besteht nur in der Festlegung dessen, was diesen Reingewinn ausmacht. Die einzige Gefahr, daß die Beamten bei dieser Tantiemeberechnung nur das Wohl ihres Arbeitsgebietes und nicht das des Gesamtinstituts im Auge haben, scheint mir nicht sehr groß zu sein. Denn letzten Endes setzt sich das Wohl der gesamten Kreditbank aus dem Wohlergehen ihrer einzelnen Glieder zusammen, d. h. die Interessen des Gesamtinstituts und die ihrer Zweigniederlassungen decken sich sehr weitgehend. Zudem können die Filialen durch die erwähnten Vorschriften und Mittel der Zinspolitik von der Zentrale zu einer einheitlichen Geschäftspolitik angehalten werden.

Eine weitere Möglichkeit besteht darin, die Tantieme von der ausgeschütteten Dividende zu berechnen. Aber auch hier sind Ungerechtigkeiten nicht zu vermeiden, denn nach diesem Prinzip erhält ein Filialleiter, der nur wenig verdient hat, genau den gleichen Betrag, wie sein Kollege, der einen großen Gewinn erzielt hat. Unter Umständen kann es sogar so sein, daß eine Filiale zwar nur einen geringen eigenen Gewinn erzielt (Überwiegen der fremden Gelder), daß aber die Zentrale durch diese Filiale große Vorteile und Gewinne hat. Ein allgemeines Schema für die Tantiemeberechnung ist daher nicht möglich.

Bei der Reichsbank erhalten nur die Vorsteher der Reichsbankhauptstellen und der Reichsbankstellen eine Tantieme vom Bruttogewinn der betreffenden Anstalt und zwar in Höhe von 5%. Davon erhalten der erste Vorsteher $^3/_7$, der zweite Vorsteher $^2/_7$, und der Rest von $^2/_7$ wird nach dem Ermessen des Reichsbankpräsidenten unter die übrigen Beamten verteilt. Die Mitglieder des Reichsbankdirektoriums und die Vorsteher der Reichsbanknebenstellen erhalten keine Tantiemen. Die Reichsbank ermittelt für ihre Filialen nur den Rohgewinn. Die Reichshauptbank trägt sämtliche Unkosten für die Filialen. Da sie die Unkosten nicht auf die einzelnen Anstalten verteilt, läßt sich deren Reingewinn nicht feststellen. Die Tantiemen der Filialvorsteher werden daher vom Bruttogewinn berechnet.

III. Die Filialen in ihrem Verhältnis zur Kundschaft.

A. Die allgemeinen Geschäftsbedingungen.

Nach außen hin sucht man die Filialen, wie wir bei der Darstellung der inneren Organisation der Zweigstellen gesehen haben, so selbständig wie möglich erscheinen zu lassen. Juristisch sind die Filialen insofern selbständig, als Geschäfte, die von ihnen ordnungsmäßig abgeschlossen worden sind, die Kreditbank verpflichten. Da eine Beschränkung der Befugnisse der Filialleiter — soweit sie Prokuristen sind — Dritten gegenüber rechtlich unwirksam ist, selbst dann, wenn diese die Beschränkung kannten, haben die Kreditbanken davon Abstand genommen, solche Bestimmungen in ihre Geschäftsbedingungen aufzunehmen. Die allgemeinen Geschäftsbedingungen machen hinsichtlich der Vertretung nach außen keinen Unterschied zwischen der Hauptbank, den Filialen und den Depositenkassen. Nur am Schluß fast aller Geschäftsbedingungen findet man eine die Filialen betreffende Klausel ungefähr folgenden Inhalts: Für alle Streitigkeiten, welche aus dem Geschäftsverkehr mit der .... Bank entstehen könnten, soll, wenn der Verkehr mit einer der Zweiganstalten unterhalten wird, der Gerichtsstand dieser Zweigniederlassung entscheidend sein. — Für den Kunden ist es demnach hinsichtlich der allgemeinen Geschäftsbedingungen gleich, ob er mit der Hauptbank oder mit einer Filiale arbeitet. Auch die Bedingungen für den Geschäftsverkehr der Kunden mit den Filialen sind grundsätzlich keineswegs ungünstiger als mit der Zentrale. Es können vielleicht kleine Unterschiede hinsichtlich der Provisionen, Zinsen usw. für bestimmte Geschäfte vorkommen, da die Konditionenkartelle der Banken örtlich gegliedert sind und in den einzelnen Bedingungen Abweichungen enthalten. Die wichtigsten Bedingungen, z. B. die Höhe der Kontokorrentzinsen, gelten jedoch mit wenigen Ausnahmen, für das ganze Reich[1]), andere wieder, z. B. Provisionen, für örtlich begrenzte Bezirke[2]), manche sogar nur für einzelne Städte, wie z. B. die Depositenzinsen. Man kann aber sagen, daß die Konditionen für die einzelnen Bankgeschäfte in der Hauptsache bei der Zentrale und bei den Filialen gleich sind; wo dies nicht der Fall ist, liegt es an den Konditionskartellen, deren Bestimmungen die Banken sich fügen müssen. Es kommt aber gerade im Bankverkehr nicht allein auf die Konditionen, sondern auch viel auf die Art und Weise an, wie die Bankgeschäfte ausgeführt werden.

B. Die Ausübung der einzelnen Bankgeschäfte.

Die größte Freiheit ist den Filialen im Depositengeschäft, in dem Hereinholen fremder Gelder gelassen, da hier durch eigenmächtiges Vorgehen der Filialen kaum Schaden entstehen kann. Auf diesem Gebiet kommt es in ganz besonderem Maße auf die Initiative und Geschicklichkeit der Leitung an, die Kunden richtig zu behandeln und ihnen den Verkehr mit der Bank möglichst angenehm und bequem zu machen; Vorschriften der Zentrale sind kaum möglich, auch wohl nicht am Platze. Im Wettbewerb mit den Sparkassen und den anderen Banken sind die stärksten Waffen eine schnelle und reibungslose Abwicklung des Geschäftsverkehrs, die individuelle Behandlung des Kunden, möglichst persönliche Fühlungnahme, Beratung in Vermögensangelegenheiten usw. Aus dem Depositenverkehr entwickeln sich leicht andere Bankgeschäfte, wie der An- und Verkauf von Effekten usw. In der Heranziehung von Depositenkunden muß die Filialleitung zuerst einsetzen, wenn sie eine Geschäftserweiterung in dieser Richtung erstrebt. Da die Zinssätze meist von den Konditionenkartellen festgesetzt werden und von den Filialen nicht abgeändert werden dürfen, so ist der Weg, durch günstigere Zinsstellung Kunden anzulocken, mehr oder weniger hier verschlossen. Es bleibt in der Hauptsache nur die Möglichkeit, durch einen angenehm gestalteten Geschäftsverkehr Kunden heranzuziehen. Dies kann auch durch weitgehendes Eingehen auf die Bedürfnisse der Kunden geschehen. Der Kunde kann seine Gelder auf Depositenkonto oder auf Scheckkonto einzahlen. Die Depositenkonten sind provisionsfrei und werden je nach der Kündigungsfrist verschieden hoch verzinst. Es wird in der Regel zwischen fünf verschiedenen Kündigungsfristen unterschieden, und zwar zwischen täglicher, wöchent-

[1]) Sie sind von der Stempelvereinigung Berliner Banken und Bankiers festgesetzt worden.

[2]) In Rheinland und Westfalen setzt z. B. die „Vereinigung von Banken und Bankiers in Rheinland und Westfalen e. V.“ einen erheblichen Teil aller Bedingungen in Anlehnung an die Berliner Abmachungen selbständig fest.

licher, monatlicher, dreimonatlicher und halbjährlicher Kündigung. Die Bank kann hierdurch den Kunden entsprechende Vorschläge wegen der Überlassung ihrer Kapitalien machen. Scheckkonten dienen meist den täglich kündbaren Einzahlungen; sie sind gleichfalls provisionsfrei, ihre Verzinsung ist gering. Die Bank wird dem Kunden die Unterschiede klar machen müssen, um ihm die Auswahl der Konten zu erleichtern.

Es kommt also für die Filialen darauf an, den Depositenkunden den Verkehr mit der Bank möglichst bequem und angenehm zu gestalten, zumal nicht alle Kreditorgane, die sich mit der Annahme von Depositen befassen, den Konditionen unterworfen sind (Sparkassen). Für die richtige Behandlung der Kunden ist auch die Rechnungseinrichtung der Filialen von Bedeutung. Ausgedehnte Kontrollen erschweren den Geschäftsverkehr. Wir haben oben gesehen, daß die Zentrale das gesamte Rechnungswesen der Filialen einheitlich zu gestalten sucht, daß also unter Umständen kleinere Zweigstellen mit dem gleichen Kontrollapparat ausgestattet werden wie die Zentrale selber und wie die großen Filialen. So erwünscht diese Entwicklung im Interesse der internen Verrechnung und der Kontrolle auch sein mag, so sehr bedauerlich kann sie im Interesse der Kundenwerbung werden. Manche Kontrolle, die für eine große Niederlassung angebracht ist, wirkt für eine kleine Zweigstelle nur störend und ist vielleicht nicht einmal zweckentsprechend.

Während die meisten Kreditbanken ihren Zweigstellen im Depositengeschäft möglichst freie Hand lassen, üben andere sogar eine strenge interne Kontrolle über die Ein- und Auszahlungen der Depositenkunden ihrer kleinen Filialen aus. So müssen diese Filialen Ein- und Auszahlungsbelege, die Depositengelder betreffen, getrennt von den übrigen Kassenbelegen nummerieren und der Zentrale täglich einsenden. Auf Grund dieser Formulare, die im voraus fortlaufend numeriert und auf Blöcke geheftet sind, führt dann die Zentrale die Depositenkonten der Filialen auf Karten mit[1]). Natürlich müssen die Filialen der Zentrale jedes neue und jedes gelöschte Konto mitteilen. Die an sich gute Kontrolle verursacht eine Menge Arbeit, sowohl bei der Filiale, als auch bei der Zentrale und bringt zugleich Erschwerungen in den Verkehr der Filialen mit den Kunden durch genaues Ausfüllen bestimmter Formulare. Es ist aber fraglich, ob alle Kunden gewillt sind, solche Umständlichkeiten auf sich zu nehmen, wenn sie es bei anderen Banken einfacher haben können.

In der Kreditgewährung unterliegen die Filialen naturgemäß einer scharfen Kontrolle durch die Zentrale. Es ist im Kreditwesen streng zu unterscheiden zwischen gedeckten (Realkrediten) und ungedeckten Krediten (Personalkrediten). Bei den gedeckten Kre-

[1]) Strauch: a. a. O. S. 150.

diten ist die Kontrolle einfacher, da die Zentrale meist nur besondere Bestimmungen über die Beleihungsunterlagen und die Beleihungshöhe zu treffen braucht. Auf Grund dieser Bestimmungen können dann die Zweigstellen Kredit geben, ohne daß eine Verzögerung durch vorherige Anfragen bei der Zentrale zu entstehen braucht. Größere Filialen sind in der Regel befugt, selbständig Realkredite bis zu einer bestimmten Höhe zu gewähren. Als Deckung kommt hauptsächlich in Betracht: Effekten, Sicherungshypotheken, Lebensversicherungspolicen, Sparkassenguthaben, Bürgschaften und — seltener — Warenvorräte. Die Beleihungsgrenze für Effekten war 1920/21 von der Berliner Stempelvereinigung für die ihr angeschlossenen Banken wie folgt festgesetzt:

Deutsche Staatspapiere, Kommunalobligationen und Pfandbriefe	bis zu 90%	des jew. Kurswertes
andere fest verzinsliche Werte	„ „ 80%	„ „ „
Aktien bei einem Kurse bis zu 300%	„ „ 70%	„ „ „
„ „ „ „ von 300—400% . . .	„ „ 60%	„ „ „
„ „ „ „ über 400%	„ „ 50%	„ „ „ .

Besondere Bestimmungen über nicht notierte Werte, Papiere unter pari, ausländische Effekten, Höchstbeleihungsgrenze usw. ergänzen bei den einzelnen Kreditbanken die Vorschriften über die Beleihungshöhe für Effekten mehr oder weniger.

Bei Sicherstellung eines Kredites durch eine Sicherungshypothek kann nur derjenige, der die Grundstücksverhältnisse an dem betreffenden Orte kennt, beurteilen, wie hoch der Wert der Immobilien ist, ob diese gegebenenfalls leicht verkäuflich sind, ob sie mit anderen dinglichen Rechten schon belastet sind usw. Wenn alle diese Verhältnisse geprüft sind und die Sicherungshypothek auf einen höheren Betrag als der eingeräumte Kredit lautet (Marge), läuft die Bank nicht allzu große Gefahr. Immerhin ist eine Mitwirkung der Zentrale bei Einräumung von Krediten gegen Sicherungshypotheken wohl begründet. Dagegen schließt die Beleihung von Sparkassenguthaben und Lebensversicherungspolicen bis zum Rückkaufswert kaum ein Risiko ein. Hier erübrigt sich also die vorherige Einholung der Genehmigung der Zentrale. Am gefährlichsten sind Vorschüsse auf Waren, da der Kreditgeber hier einen genauen Überblick über die jeweilige Marktlage haben muß. Zudem eignen sich nicht alle Artikel zur Beleihung. Es besteht auch die große Gefahr, daß der Kreditnehmer auf Grund der Beleihung immer mehr Waren kauft und bei einem starken Rückgang der Preise zahlungsunfähig wird. Jedenfalls dürfen nur guten Firmen Vorschüsse auf Waren gewährt werden. Es ist also angebracht, wenn die Filialen vorher die Zentrale über die Verhältnisse des Kreditsuchenden aufklären, und wenn die Zentrale eine Höchstsumme, die der einzelne Kredit gegen Waren nicht übersteigen darf, festsetzt. Kredite gegen Bürgschaft eines Dritten sind banktechnisch grundsätzlich nicht anders zu beurteilen als Blankokredite, da die persönlichen Verhältnisse des Bürgen dauernd überwacht werden müssen.

Die Stellung der Filialen in der Gewährung von gedeckten Krediten ist bei den einzelnen Kreditbanken verschieden geregelt. Wie schon erwähnt, sind größere Filialen in der Regel befugt, selbständig Realkredite zu gewähren. In jedem Fall sind die Filialen dann aber an bestimmte Normen, wie Höchstsumme des einzelnen Kredits usw., gebunden. Kleinere Filialen bedürfen zur Kreditgewährung in allen Fällen der Genehmigung der Zentrale. Das bedeutet für den Verkehr der Filialen mit der Kundschaft eine gewisse Erschwerung, denn die Filialen müssen die Kreditanträge an die Zentrale weitergeben, die vielleicht noch Rückfragen stellt. Die Gewährung des Kredits verzögert sich dadurch leicht, und es können sich hierdurch Nachteile sowohl für den Kunden, als auch für die Bank ergeben.

Es entsteht die Frage, ob es überhaupt zweckmäßig ist, die Gewährung von gedeckten Krediten seitens der Filialen von der Genehmigung der Zentrale abhängig zu machen, da durch die hierdurch entstehende Verzögerung leicht Nachteile eintreten können. Hierbei ist vor allem zu beachten, daß die Vorschriften der Zentrale über die Beleihungshöhe von Effekten usw. nur formale sein können. Von Wichtigkeit sind aber vor allem die Qualität der Sicherheiten und die persönlichen Verhältnisse des Kreditnehmers; diese müssen von vornherein eine gewisse Sicherheit dafür bieten, daß der Kreditnehmer seinen Verpflichtungen pünktlich nachkommt und die Bank nicht in die Lage versetzt wird, die hinterlegten Sicherheiten veräußern zu müssen. Aber auch die Pfandobjekte müssen einer eingehenden materiellen Prüfung unterworfen werden. Die Gewährung von Krediten gegen Sicherheiten vollzieht sich also doch nicht so schematisch, wie es auf den ersten Blick scheint. Fraglich ist nur, ob die Zentrale besser als die betreffende Filiale befähigt ist, die persönlichen Verhältnisse der Kreditnehmer und die Qualität der Sicherheiten nachzuprüfen. Die Zentrale ist hierbei auf Berichte und Schätzungen Dritter angewiesen, während die Filialleiter die Verhältnisse am Orte ihrer Niederlassung genau kennen. An sich scheint es also zwecklos zu sein, die Gewährung von gedeckten Krediten von der Genehmigung der Zentrale abhängig zu machen. Es ist aber zu bedenken, daß die Kreditgewährung eines der schwierigsten Geschäfte ist, bei dem eine große Zahl Imponderabilien in Betracht kommt, wie Beurteilung der Persönlichkeit des Kunden, Einschätzung der Geschäftsverhältnisse, Entwicklung der Branche usw. Die Auffassungen können je nach der Veranlagung der Prüfenden verschieden sein. Dazu kommt, daß nicht alle Filialleiter gleich gute Kaufleute und Banktechniker sind. Von der Person des Filialleiters ist daher viel für die richtige Behandlung der Kreditgewährung abhängig. So ist es durchaus angebracht, die Kreditgesuche bewährten Beamten der Zentrale vorzulegen, die in der Kreditgewährung langjährige Erfahrungen aufweisen, so bedauerlich diese Verzögerung auch werden kann. Außerdem wird durch die Erledigung der Kreditgesuche bei der Zentrale die Gefahr ausgeschlossen, daß ein Kreditsuchender auf Grund seines persönlichen Einflusses auf die Filialleitung einen nicht gerechtfertigten Kredit erhält. Andererseits kann leicht der Nachteil entstehen, daß berechtigte Kreditgesuche von der Zentrale abgelehnt werden, weil die mit der Prüfung der Kreditgesuche beauftragten Personen leicht allzu vorsichtig sind, um der Möglichkeit eines Verlustes aus dem Wege zu gehen. Immerhin sollte die Zentrale, wie das bei den meisten Kreditbanken auch der Fall ist, den Filialen innerhalb eines durch besondere Vorschriften festgelegten Rahmens eine gewisse Selbständigkeit in der Einräumung von Krediten gegen Sicherheiten lassen. Voraussetzung ist dabei natürlich, daß vertrauenswürdige und befähigte Persönlichkeiten an der Spitze der Filialen stehen. Bei den Depositenkassen bestehen dagegen keine Bedenken, die Krediteinräumung gegen Sicherheiten in jedem Falle von der Zustimmung der übergeordneten Stelle abhängig zu machen, da hier ein Zeitverlust kaum entsteht; denn die den Depositenkassen übergeordnete Stelle befindet sich meist am selben Ort oder wenigstens an einem ganz benachbarten und ist daher auch meist mit den Verhältnissen des Kreditsuchenden vertraut. Natürlich werden die Filialen dauernd von der Zentrale überwacht, ob die Kredite nicht überschritten werden. Auf diese Kontrollmaßnahmen wird in einem besonderen Abschnitt zurückzukommen sein.

Zur Gewährung von Blankokrediten seitens der Filialen ist bei allen Kreditbanken die Genehmigung der Zentrale erforderlich. Handelt es sich um größere Kredite, so hat die Zentrale ihrerseits die Genehmigung der Kreditkommission des Aufsichtsrats einzuholen. Stellt ein Filialkunde einen Kreditantrag, so prüft die Filialleitung zunächst die persönlichen Verhältnisse des Kreditsuchenden. Sie läßt sich die letzten Jahresbilanzen vorlegen, nimmt gegebenenfalls Einsicht in die Bücher und prüft die einzelnen Bilanzposten auf ihre Qualität. Auf Grund dieser Erhebungen berichtet sie an die Zentrale. Dieser Bericht enthält auch Angaben über die Art des Kredits (ob Saisonkredit), über die Tüchtigkeit, Arbeitsamkeit und Sparsamkeit des Kreditsuchenden, über die Konjunkturschwankungen in dem betreffenden Gewerbe, über die Gefahr der Überproduktion, über die Art und Güte der Abnehmer, über die Art der Schulden, über die Höhe der Umsätze usw. Die Zentrale bestimmt dann, gegebenenfalls nach Anhörung des Aufsichtsrats, ob und in welcher Höhe Kredit gewährt werden soll. Die Höhe des Kredits richtete sich früher in der Hauptsache nach der Größe des verantwortlichen Kapitals der kreditsuchenden Unternehmung. Mit erfolgter Geldentwertung hat diese Berechnungsgrundlage ihre Bedeutung verloren. Heute bilden die Goldwerte der betreffenden Unternehmung, die Höhe der Debitoren und die Warenvorräte einen Anhalt für die Höhe des Kredits.

Bei größeren Filialen befindet sich vielfach am Ort der Niederlassung ein sog. Kreditausschuß, der aus ortsansässigen angesehenen Kaufleuten, meist Aufsichtsratsmitgliedern der Bank oder deren Vertrauensleuten besteht und für die Bewilligung von Blankokrediten zuständig ist. Diese Kreditausschüsse erledigen die Kreditanträge naturgemäß schneller als die Zentrale; zudem sind sie über die örtlichen Verhältnisse besser orientiert als diese. Trotzdem hat man nicht immer gute Erfahrungen mit diesen Kreditausschüssen gemacht, da sie vielfach eine eigene Geschäftspolitik verfolgen, die im Gegensatz zu der des Gesamtinstituts stehen kann.

Die Pflege des Personalkredits ist eine schwache Stelle der deutschen Kreditbanken. Für kleinere Gewerbetreibende ist es überaus schwierig, bei einer Kreditbankfiliale Blankokredit zu erhalten. Es besteht die Gefahr, daß die den Kredit genehmigende Stelle — in den meisten Fällen also die Zentrale — sich bei der Beurteilung des kreditsuchenden Unternehmens mangels anderer sicherer Unterlagen zu sehr auf die Bilanz stützt, in der alles nur quantitativ dargestellt ist, während doch letzten Endes die Qualität entscheidend ist. Wenn es sich nicht um ganz gute Firmen handelt, wird daher das Kreditgesuch fast immer abgelehnt. Diese Tatsache ist, abgesehen von allgemeinen volkswirtschaftlichen Erwägungen, auch im Interesse der Kreditbanken zu bedauern; denn die Pflege des kleinen Kredits ist keineswegs unrentabler als die Gewährung großer Kredite und mit Rücksicht auf eine sachliche Risikoverteilung sogar wünschenswert. Man muß aber andererseits berücksichtigen, daß die Zentrale sich keineswegs die Entscheidung über die Gewährung von Blankokrediten aus der Hand nehmen lassen kann. Denn sonst wäre das Gesamtinstitut allzu großen Schädigungen ausgesetzt, die durch unangebrachte Kreditgewährung seitens unfähiger und an der Tantieme interessierter Filialleiter entstehen könnten. Auch ist zu bedenken, daß die Filialen bei der Gewährung von Blankokrediten keineswegs ausgeschaltet sind. Der über den Kredit beschließende Vorstand bzw. die Kreditkommission des Aufsichtsrats kennen den Kreditsuchenden meist überhaupt nicht. Sie sind daher in erster Linie auf die Berichte der Filialleiter angewiesen, die sie noch durch Einholung von Auskünften ergänzen und nachprüfen können. Es kommt hier eben viel auf die Persönlichkeiten der Filialleiter an. Wenn diese als tüchtig und vorsichtig bekannt sind, wird man ihren Berichten großen, vielleicht entscheidenden Wert beilegen. Bedauerlich ist allerdings die Verzögerung, die durch die Bearbeitung der Kreditgesuche durch die Zentrale entsteht und die infolge Rückfragen und Beschaffung weiterer Unterlagen oft sehr erheblich ist. Trotzdem muß bei Blankokrediten die Entscheidung mit Rücksicht auf das verhältnismäßig große Risiko bei der Zentrale liegen. Große Beschleunigung in der Erledigung der Kreditanträge ist jedoch geboten. Da aber die Einholung von Auskünften usw. oft recht lange Zeit in Anspruch nimmt und die ganzen Verhandlungen schriftlich geführt werden müssen, lassen sich unerwünschte Verzögerungen nicht immer vermeiden. Bei Gewährung von gedeckten Krediten ist jedoch eine gewisse Selbständigkeit der Filialen unbedingt notwendig, weil der Kreditsuchende sonst auf Grund seiner Unterlagen bei einer Konkurrenzbank sofort Kredit erhält.

Auch im *Überweisungsverkehr* ist es für den Bankkunden nicht gleichgültig, welche Selbständigkeit die Filialen in Ausübung dieses Geschäftes haben. Eine kleine Filiale oder Depositenkasse, die kein Reichsbank-Girokonto hat oder die mit fremden Banken nicht in direkter Verrechnung steht, die also alle Überweisungen durch die Zentrale ausführen lassen muß, arbeitet naturgemäß langsamer als eine Filiale, die Überweisungen direkt ausführt. Kunden, die einen großen Überweisungsverkehr haben, werden daher diejenige Bankverbindung, welche Überweisungen am schnellsten ausführt, bevorzugen. Filialen, die in diesem Geschäft nicht selbständig sind, erhalten auch die Gutschriften einen oder zwei Tage später gutgebracht und valutieren solche Beträge ihren Kunden vielfach entsprechend später. Besonders bei der Überweisung großer Summen fällt dieser Nachteil ins Gewicht, und diejenige Filiale, die hier am schnellsten arbeitet, hat den unselbständigen Zweigstellen einen großen Vorteil voraus. Es ist daher bei der Regelung der geschäftlichen Beziehungen zwischen Zentrale und Filiale jedesmal zu wählen zwischen den Vorteilen, die durch das Dazwischenschalten der Zentrale im Überweisungsverkehr hinsichtlich verschärfter Kontrolle und Kapitalzusammenfassung entstehen, und den Vorteilen, die sich aus der selbständigen schnelleren Erledigung des Überweisungsverkehrs durch die Filialen ergeben. Größere Zweigniederlassungen unterhalten in der Regel direkte Beziehungen mit fremden Banken, während Filialen ohne Eigenkapital und Depositenkassen sich im Überweisungsverkehr meist auf die Zentrale stützen. Bei den Depositenkassen, die sich am Ort der Zentrale oder einer größeren Niederlassung befinden, entsteht allerdings keine nennenswerte Verzögerung, da sie die Überweisungsaufträge noch am selben Morgen an die übergeordnete Stelle weitergeben können.

Ähnlich liegen die Verhältnisse beim *Wechsel- und Scheckverkehr*. Wenn eine Provinzfiliale sämtliche Inkassopapiere, also auch

Vistapapiere, der Zentrale einsenden muß, entstehen Verzögerungen, die einen Zinsverlust zur Folge haben. Nehmen wir an, daß der Kunde einer Kreditbankfiliale häufig Quittungen und Schecks zum Inkasso einreicht. Schickt nun die Filiale diese Papiere nach der Zentrale, so gehen ein oder zwei Tage verloren. Die Inkassopapiere werden um diese Zeitspanne später einkassiert und dem Kunden entsprechend später gut geschrieben. Bei großen Beträgen kann der Zinsverlust erheblich sein. Besonders beim Einzug von Vistapapieren auf das Ausland macht sich eine solche Verzögerung sehr bemerkbar, und die Klagen der Kaufleute aus der Provinz, die mit unselbständigen Kreditbankfilialen arbeiten müssen, sind dieserhalb groß. Die Kreditbanken, die ein zentralistisches System in ihrer Filialorganisation vertreten, sollten sich gerade in dieser Hinsicht mehr von wirtschaftlichen Gesichtspunkten leiten lassen und ihren Filialen wenigstens die Erlaubnis geben, Inkassopapiere, die über größere Beträge lauten, direkt zum Inkasso einer fremden Bank zu senden. Die Verrechnung kann trotzdem über die Zentrale geschehen, wie es bei den meisten Kreditbanken ja auch geschieht.

Das Akzeptgeschäft ist, wirtschaftlich betrachtet, nur eine besondere Form der Kreditgewährung und gehört daher nicht hierher. In diesem Zusammenhang soll nur erwähnt werden, daß bei manchen Kreditbanken die Filialen nicht die Befugnis haben, Wechsel zu akzeptieren. Man begründet diese Bestimmung damit, daß die Zentrale einen Überblick über die gesamten Akzeptverbindlichkeiten haben müsse, und daß sie eine Zersplitterung der Barmittel der Bank vermeiden wolle, indem sie die Fälligkeitstermine der Akzepte auf verschiedene Zeitabschnitte verteile. Diese Begründung läßt sich bei näherem Zusehen nicht gut aufrecht erhalten. Wenn die Zentrale einen Überblick über die Akzeptverbindlichkeiten haben will, braucht sie sich nur von den Filialen über die ausgestellten Akzepte berichten zu lassen. Da für die Gewährung von Akzeptkredit die Vorschriften über die Kreditgewährung überhaupt maßgebend sind, liegt meines Erachtens kein Grund vor, den Filialen die Eingehung von Akzeptverbindlichkeiten zu verbieten.

Auch im Diskontgeschäft trifft man bisweilen auf die Bestimmung, daß Depositenkassen die zum Diskont eingereichten Wechsel vorher der Zentrale zur Prüfung einsenden müssen[1]). Wenn man bedenkt, daß die Filialen nur auf Grund der Vorschriften über die Kreditgewährung und im Rahmen der bewilligten Kredite Wechsel diskontieren dürfen, scheint diese Bestimmung überflüssig zu sein. Die formale Prüfung eines Wechsels und die Durchsicht der „schwarzen Listen" wird man einem Depositenkassenvorsteher doch wohl zutrauen dürfen.

[1]) Vgl. L. Freiherr v. Schrötter: Geld-, Scheck- und Wechselverkehr einer Depositenkasse. (Z. f. w. F. II, S. 417 ff.)

Im Effekten- und Sortenverkehr wirkt die Vermittlungstätigkeit der Zentrale jedoch keinesfalls hemmend, eher fördernd. Das gleiche gilt vom Couponverkehr, denn die Zins- und Dividendenscheine werden einige Tage vor Fälligkeit abgetrennt und alle, bzw. der größte Teil, der Zentrale eingesandt. Dem Kunden werden die Coupons aber sofort per Fälligkeitstag gutgeschrieben.

Dagegen ist die Aufbewahrung von Wertpapieren für unselbständige Filialen und Depositenkassen, deren Depotgeschäft der übergeordneten Stelle übertragen ist, insofern mit einer Verzögerung des Geschäftsverkehrs verbunden, als Effekten, die in Depot gegeben werden oder aus Depot geholt werden, zu der übergeordneten Stelle gebracht bzw. erst von ihr geholt werden müssen. Der Kunde muß also den Filialen und Depositenkassen, die das Depotgeschäft nicht selbständig ausüben, vorher Anzeige machen, wenn er Wertpapiere aus seinem Depot entnehmen will. Diese Tatsache wird er immerhin lästig empfinden.

Die Vermietung von Safes besorgen dagegen fast sämtliche Filialen und Depositenkassen in ihrem eigenen Geschäftslokal, soweit sie über solche verfügen.

IV. Die Filialen als Organe der Zentrale.

A. Aufgaben und Bedeutung der Filialen.

Privatwirtschaftlich gesehen, haben die Filialen die Aufgabe, das Arbeitsgebiet der Bank zu vergrößern und die Umsätze zu steigern, um den Gewinn zu erhöhen. Zu diesem Zwecke betreiben sie alle Geschäfte, die von den Kreditbanken gepflegt werden. Sie dienen also ebenso zur Sammlung von Depositen, wie zur Kreditgewährung; sie vertreiben die von der Zentrale emittierten Effekten, wie sie auch bestrebt sind, der Zentrale Neuemissionen zu verschaffen; kurzum, sie betreiben, abgesehen von dem selbständigen Emissions- und Konsortialgeschäft — sofern es sich nicht um große Filialen an Börsenplätzen handelt — und dem selbständigen Ankauf von Effekten für eigene Rechnung, zumeist alle Bankgeschäfte wie die Zentrale. Da der Schwerpunkt der Geschäftstätigkeit der deutschen Kreditbanken sich in letzter Zeit immer mehr nach den regulären Bankgeschäften, also der kurzfristigen Kreditvermittlung, hin verschoben hat, haben die Filialen mehr und mehr an Bedeutung gewonnen. Einige betriebswirtschaftliche Vorteile, die der Ausbau des Filialsystems mit sich bringt, verstärken diese Bedeutung noch. Es sind dies:

1. Verbilligter Zahlungs- und Effektenkommissionsverkehr.
2. Sachliche Risikoverteilung durch Kreditgewährung an zahlreiche Firmen der verschiedensten Branchen, an den verschiedensten Orten, zu verschiedenen Zeiten.

3. Individuellere Behandlung der Kunden durch die Filialen, als dies durch ein Zentralinstitut möglich ist.

4. Größere Werbekraft der Kreditbanken mit ausgedehntem Filialnetz gegenüber den zentralisierten Banken.

Die Aufgaben der Filialen bestehen also in erster Linie in der Pflege des laufenden Geschäfts, d. h. des Kontokorrentgeschäftes, das die Haupteinnahmen der Kreditbanken in Gestalt von Zinsen und Provisionen abwirft. Daneben besteht die Aufgabe der Filialen, in der Sammlung von Depositen und in der Mitwirkung bei der Unterbringung von Emissionen. Reichlichen Gewinn bringt auch ein lebhaftes Effektenkommissionsgeschäft.

In der Erfüllung dieser Aufgaben werden die Filialen durch den Wettbewerb der anderen Kreditbankfilialen und der Sparkassen beeinträchtigt. Mittel in diesem Wettkampf zwischen Banken und Sparkassen sind: Gewährung hoher Zinsen für Guthaben der Kunden, Berechnung niedriger Zinsen für Schulden, niedrige Provisionen und Spesen, Gewinnung des Vertrauens der Kundschaft hinsichtlich der Sicherheit ihrer Einlagen, angenehme und schnelle Abwicklung des Kundenverkehrs. Die günstigsten Bedingungen gewähren fast durchweg die Sparkassen. Die Bedingungen der Kreditbanken sind meist durch Konditionenkartelle geregelt, so daß ein Konkurrieren der Filialen auf diesem Gebiet nicht mehr sehr in Frage kommt. Hinsichtlich des Vertrauens in die Sicherheit der Kreditbanken ist zu sagen, daß es bei den Großbanken im allgemeinen gleich groß ist. Auch das Vertrauen des Publikums in die Sparkassen ist heute keineswegs größer als in die großen Kreditbanken. Als einziges Werbemittel kommt also nur noch die schnelle und bequeme Abwicklung der Geschäfte mit den Kunden in Betracht. Auf diesem Gebiet sind die Kreditbankfilialen den Sparkassen allerdings meist überlegen. Um den Wünschen des Publikums entgegen zu kommen, ist daher eine möglichst große Selbständigkeit der Filialen erforderlich. Privatwirtschaftlich betrachtet, ist also möglichste Freiheit der Filialleiter hinsichtlich der Organisation der Filialbetriebe erwünscht. Dieser privatwirtschaftlichen Forderung steht aber das verwaltungstechnische Verlangen nach einer scharfen Kontrolle der Filialen und einer einheitlichen Geschäftspolitik durch die Zentrale gegenüber. Hier liegt das Hauptproblem der Organisation und Verwaltung der Filialbetriebe.

Die Bedeutung der Filialen für die Kreditbanken hängt in der Hauptsache von 4 Faktoren ab:

1. Von der Zeit der Filialgründung,
2. von der Zahl der Filialen,
3. von dem Ort, an dem sich die Filiale befindet,
4. von der Art der Filialgründung.

1. Die frühesten Gründungen sind die besten; denn wenn sich an einem Ort noch keine Niederlassung einer anderen Kreditbank befindet, braucht die neugegründete Filiale keine Konkurrenz zu befürchten und kann sich die guten Kunden aussuchen. Spät gegründete Filialen sind dagegen vielfach auf die schlechteren Kunden angewiesen, die von den anderen Niederlassungen am Ort nicht gesucht werden.

2. Die Zahl der Filialen ist von Bedeutung für das Ansehen der Bank und für einen verbilligten Zahlungs- und Inkassoverkehr. Natürlich ist es wichtig, daß das Filialsystem einer Kreditbank abgerundet ist.

3. Am günstigsten für die Filialbildung sind Handels- und Industriestädte. Depositenarme Kreditbanken werden ihre Filialen mit Vorliebe an kapitalreichen Orten (in Rentnerstädten) errichten. Relativ am rentabelsten sind dagegen Filialen, bei denen Debitoren und Kreditoren sich die Wage halten.

4. Die Art der Errichtung von neuen Filialen ist keineswegs gleichgültig. Neugegründete Zweigstellen sind in der Regel in den ersten Jahren unrentabel. Das hängt damit zusammen, daß die Einrichtungen der Filialen, insbesondere die notwendigen Kontrollen, die Tresoranlagen usw. einen großen Aufwand an Kapital und Personal erfordern, und zwar auch dann, wenn der Geschäftsumfang gering ist. Diesem Aufwand steht ein entsprechender Ertrag nur dann gegenüber, wenn ein genügend großer Kundenstamm vorhanden ist, was in den ersten Jahren meist nicht der Fall ist. Die Kosten der Filialen bestehen also zum größten Teil aus fixen, der Rest aus degressiven Kosten. Für die Rentabilität der Filialen bedeutet dies, daß bis zu einem gewissen Beschäftigungsgrade die Unkosten ungefähr gleich hoch bleiben. Wird dieser Beschäftigungsgrad nicht erreicht, so arbeitet die Filiale mit Verlust; steigt der Beschäftigungsgrad über die fixen Kosten hinaus, so werden die Kosten degressiv, d. h. die Rentabilität der Filiale steigt dann bis zu einer bestimmten Grenze überproportional mit steigendem Beschäftigungsgrad.

Die Errichtung von Filialen kann sich vollziehen:

1. Durch selbständige Gründung; diese ist in der Regel bei schon bestehenden Konkurrenzbanken schwierig, meist geschieht sie daher nur, wenn an dem betreffenden Orte schon ein Kundenstamm vorhanden ist, der dann von einer anderen Filiale abgetrennt wird.

2. Durch Übernahme von Privatbankgeschäften. Diese Form ist die empfehlenswerteste, weil Kunden, Beamte, Gebäude usw. schon vorhanden sind. Meist waren die übernommenen Privatbankgeschäfte vorher kommanditiert.

3. Durch Übernahme von Aktienbanken. Hierbei ist zu bedenken, daß eine Aktienbank, die sich ihrer Freiheit begibt, in der Regel größere Verluste erlitten hat und vielleicht sanierungsbedürftig ist.

Natürlich liegt die Hauptbedeutung der Filialen für die Kreditbanken als Erwerbsunternehmen in der Gewinnerzielung. Es ist nun aber keineswegs der Fall, wie es auf den ersten Blick scheint, daß der Gewinn einer Kreditbank durch Errichtung neuer Filialen im Verhältnis zu dem hierdurch erhöhten Umsatz steigt. Bosenik[1]) stellt vielmehr fest: „Wir können feststellen, daß es gerade die örtlich nichtkonzentrierte Betriebsform im Bankwesen ist, welche, wie dies ja auch bei den Betrieben der Industrie der Fall ist, durch die Filialen und Depositenkassen hohe Spesen erfordert, also unter dem Gesichtspunkt des reinen Kostensatzes (nicht dem der absoluten Gewinnerzielung) als Nachteil zu betrachten ist."

Auch Steinbach[2]) kommt zu dem gleichen Ergebnis: „Interessant ist es, festzustellen, welch einen einschneidenden Einfluß auf die Geschäftsunkosten die Gründung von neuen Niederlassungen hat. Nicht, daß bloß die Gründung an sich, der Ankauf, das Mieten eines Gebäudes und überhaupt die Einrichtung der Filialen einmalige hohe Ausgaben erfordern, sondern wir können feststellen, daß ebenso die laufenden Geschäftsunkosten für alle folgenden Jahre ganz bedeutend größere Steigerungen aufweisen als in den Jahren, wo nur wenige Niederlassungen betrieben wurden."

Der Nutzen der Filialen für das Gesamtinstitut äußert sich jedoch nicht allein in der Gewinnerzielung der einzelnen Filialen. Es ist auch zu beachten, daß die Filialen gewissermaßen als Kunden der Zentrale auftreten, wie beispielsweise im Effektenkommissionsgeschäft, indem sie ihre Börsenaufträge durch die Zentrale erledigen lassen. Ferner führen sie der Zentrale Depositen zu und bringen die von der Hauptbank emittierten Wertpapiere im Publikum unter. Auch verschaffen sie durch ihre Beziehungen zum lokalen Handel und zur lokalen Industrie der Zentrale bisweilen neue Emissionen. Bei all diesen Geschäften erscheint der größte Teil des Gewinns jedoch nicht in den Bilanzen der Filialen, sondern in der Bilanz der Zentrale.

Die Bedeutung einer Filiale für das Gesamtinstitut drückt sich also nicht ohne weiteres in ihrer Rentabilität aus, es sind vielmehr die besonderen Verhältnisse jeweilig zu berücksichtigen. So kann beispielsweise für eine depositenarme Kreditbank eine Filiale, die ihr hohe Depositen zuführt, aber keinen bedeutenden Gewinn aufweist, von größerem Nutzen sein, als eine Filiale, die eine größere Rentabilität aufweist, aber die Mittel der Zentrale stark in Anspruch nimmt.

Zentrale und Filiale bilden ein Ganzes, sie sind ein großer Organismus, dessen Leitung der Zentrale obliegt. Wir haben gesehen, daß vom Standpunkt der größtmöglichen Gewinnerzielung weitgehendste Selb-

---

[1]) Bosenik, a. a. O. S. 115. [2]) Steinbach, a. a. O. S. 22.

ständigkeit der Filiale erwünscht ist; aber die Einfügung der Filialen als Glieder eines Organismus in die gesamte Kreditbank erfordert auf der anderen Seite eine oberste Leitung, der sich die Filialen im Interesse einer einheitlichen Geschäftspolitik und Kontrolle unterzuordnen haben. Diese beiden Forderungen — möglichst große Selbständigkeit der Filialen und einheitliche Geschäftspolitik und Kontrolle — miteinander in Einklang zu bringen, ist — wie gesagt — das Hauptproblem des Filialbetriebs. Die oberste Leitung liegt der Zentrale ob, dem Hirn der Kreditbank, deren Bestreben es sein muß, das Filialsystem zu einem feinen Organismus zu gestalten, ohne jedoch den Betrieb allzu bureaukratisch einzurichten und die Filialen in der Ausübung der Geschäfte zu hemmen. Mittel zur Erreichung dieses Zieles stehen der Zentrale in dem Erlaß von direkten Vorschriften, seien es Dienstvorschriften oder Bestimmungen über die Ausübung der einzelnen Bankgeschäfte, und in der Zinspolitik den Filialen gegenüber zur Verfügung. Durch diese Mittel werden die Filialen, wie wir gesehen haben, zu einer einheitlichen Geschäftspolitik angehalten. Damit sind die Aufgaben der Zentrale aber noch nicht erschöpft. Sie muß auch über die Geschäftstätigkeit der Filialen dauernd unterrichtet sein und die Geschäfte der Filialen überwachen. Der Berichterstattung der Filialen an die Zentrale und den Kontrollmaßnahmen der Zentrale muß also besondere Aufmerksamkeit geschenkt werden.

B. Die Berichterstattung an die Zentrale.

Die Berichterstattung der Filialen an die Zentrale ist bei allen Kreditbanken sehr eingehend geregelt; sie richtet sich meist nach dem Grade der Selbständigkeit der Filialen. Größere Filialen senden umfassende Berichte über die Gestaltung der Geschäfte, in der Regel halbjährlich zusammen mit den Bilanzen, der Zentrale ein. Diese Berichte bilden hauptsächlich eine Erläuterung der einzelnen Bilanzposten, zugleich enthalten sie aber auch die verschiedensten statistischen Angaben, beispielsweise über die Beamten, Hinweise auf Besonderheiten im Geschäftsjahr und ähnliche Mitteilungen. Außerdem hat der Revisor, der mit der Prüfung der Filialbilanzen beauftragt ist, Berichte über das Ergebnis seiner Revisionen einzureichen. Ferner senden alle Filialen monatlich oder alle zwei Monate der Zentrale Rohbilanzen ein mit einer Aufstellung der Debitoren und Angabe der Art und Höhe ihrer Dekkungen, einer Aufstellung der Akzeptverbindlichkeiten, des Wechselbestandes, der eigenen Effekten u. a.

Wünscht die Zentrale während des Geschäftsjahres irgendwelche Angaben, so versendet sie diesbezügliche Rundschreiben an die Filialen. Bei vielen Kreditbanken finden regelmäßig Versammlungen der Filialdirektoren statt, die von der Zentrale einberufen werden; bei anderen Instituten werden die Filialleiter bisweilen zu den monatlichen Sitzungen des Aufsichtsrates eingeladen. In diesen Versammlungen gibt der Vorstand einen Überblick über die Pläne der Bank und schreibt den Filialleitern die Politik vor, die sie im Interesse eines einheitlichen Vorgehens in ihren Geschäften einzuschlagen haben. Bei diesen Zusammenkünften werden aber auch Erfahrungen ausgetauscht und die Ansichten der Filialleiter gehört und beraten, so daß diese Versammlungen äußerst wertvoll sind.

Im übrigen nehmen die Filialleitungen, wie es die Dienstanweisungen vorschreiben, vor Abschluß eines jeden größeren Geschäftes Rücksprache mit der Zentrale — sei es brieflich oder telephonisch — und versichern sich der Einwilligung des Vorstandes. Der Nachrichtenverkehr zwischen den Filialen und der Zentrale ist somit äußerst rege. Täglich werden Briefe gewechselt, Telephongespräche geführt und Telegramme versendet. Selbst bei den größeren Filialen ist die Berichterstattung an die Zentrale so umfangreich und eingehend, daß diese Filialen für längere Zeit nichts verheimlichen oder verschleiern können, zumal die Vorstandsmitglieder von Zeit zu Zeit die Filialen besuchen und sich an Ort und Stelle Auskünfte geben lassen, die sie sofort nachprüfen können.

Wir haben gesehen, daß für eine Reihe von Geschäften den Filialen gewisse Grenzen gesetzt sind. So werden beispielsweise die Beleihungshöchstgrenzen für die verschiedenen Arten von Effekten, die Höchstsumme, die der einzelne Kredit nicht überschreiten darf, der Zinssatz, den die Zentrale für Guthaben der Filialen gewährt, vom Vorstand bzw. vom Aufsichtsrat festgesetzt. Da solche Bestimmungen aber des öfteren Änderungen erfahren, werden diese den Filialen jedesmal durch Rundschreiben bekannt gemacht. Den Empfang solcher Rundschreiben haben die Filialen der Zentrale besonders zu bestätigen.

Bei vielen Kreditbanken versendet die Zentrale eine Art von Nachrichtenblatt an die Filialen, in denen besondere Hinweise gegeben, einschlägige Rechtsfälle erörtert und andere das Bankfach betreffende Vorfälle besprochen werden. Diese Nachrichtenblätter sind nicht zu verwechseln mit den wöchentlichen, 14tägigen oder monatlichen Übersichten über die Entwicklung der Weltpreise, der Devisenkurse usw., die manche Kreditbanken ihren Kunden aus Handel und Industrie regelmäßig zusenden.

Die Berichterstattung der kleineren, unselbständigen Filialen an die Zentrale ist natürlich weit eingehender als die der großen Zweigstellen. Die kleinsten Filialen und die Depositenkassen haben in der Regel der übergeordneten Stelle täglich einzureichen[1]): Eine Umsatzbilanz, Ko-

---

[1]) Vgl. Strauch, a. a. O. S. 17.

pien der Primanoten, Meldungen über neu entstandene und ausgeglichene Konten, Verzeichnisse der abgeschlossenen Effektengeschäfte und der angekauften Wechsel, die Ein- und Auszahlungsbelege, die Depositenkonten betreffen, und andere Meldungen. Auf Grund dieser Berichte ist die übergeordnete Stelle in der Lage, die gesamte Buchführung der von ihr abhängigen Stellen zu kontrollieren. Bei manchen Kreditbanken sind die Vorsteher der Depositenkassen verpflichtet, über ihre Arbeiten ein Tagebuch zu führen, das jeden Monat einmal der Direktion zur Durchsicht eingereicht wird.

Monatlich müssen die kleinen Filialen oder Depositenkassen Rohbilanzen mit einer genauen Aufstellung der Art und Höhe der einzelnen Bestände der Zentrale einreichen; ferner die Monatsumsätze und Salden der Kontokorrent- und Depositenkonten, eine Spezifikation der Unkosten, einen Auszug aus dem Wechselobligobuch, eine Aufstellung der bei den Filialen lagernden Effekten, eine Anzahl statistischer Angaben usw. Die Berichterstattung geht somit bis ins einzelste; Strauch verlangt sogar, daß die Filialen eine Abschrift aller Stornobuchungen der Zentrale einreichen.

Für die Beurteilung der Berichterstattung der Filialen an die Zentrale kommt es wiederum darauf an, ob man ein zentralistisches oder dezentralistisches System in der Organisation des Filialwesens vertritt. Die Berichterstattung einer unselbständigen Niederlassung muß naturgemäß bedeutend eingehender sein als einer größeren Filiale, und wir sehen, daß bei den Depositenkassen und kleinen Filialen die tägliche Berichterstattung einen weiten Raum einnimmt, daß auf Grund der täglichen Berichte und Einsendung der Buchungsbelege die gesamte Buchführung bei der übergeordneten Stelle nochmals geführt werden kann und daß bei vielen Kreditbanken tatsächlich eine Anzahl Konten der unselbständigen Filialen bei der Zentrale mitgeführt werden. In vielen Fällen sind die Depositenkassen und die kleinsten Filialen daher nur als Außenbureaus der übergeordneten Stellen anzusehen.

Auch bei der Reichsbank ist die Berichterstattung der Filialen sehr eingehend gestaltet. Die Reichsbanknebenstellen berichten täglich an die übergeordnete Stelle, also genau wie die Depositenkassen der Kreditbanken. Die Reichsbankhauptstellen und Reichsbankstellen berichten der Hauptbank alle 2 Tage über die Veränderung der Kapitalanlagen, des Kassenbestandes und des Girobestandes, wöchentlich und monatlich in ähnlicher Weise und halbjährlich über sämtliche Einzelheiten in statistischer Aufmachung[1]).

Eine kritische Würdigung der Berichterstattung der Filialen an die Zentrale ist nur im Zusammenhang mit den Kontrollmaßnahmen der Zentrale möglich, denn die Berichterstattung ist in erster Linie ein Mittel zur dauernden Überwachung der Filialen.

---

[1]) Vgl. Hertlein, a. a. O. S. 96.

Vorerst ist es aber notwendig, einen Überblick über die Einrichtungen derjenigen Abteilung bei der Zentrale zu gewinnen, in der sich der Verkehr mit den Filialen konzentriert.

Bei den größeren Kreditaktienbanken besteht bei der Zentrale ein besonderes Filialbureau, dessen Leitung in der Regel einem Mitglied des Vorstandes übertragen ist. In diesem Filialbureau spielt sich der gesamte Verkehr mit den Zweigniederlassungen ab. Hier werden die Konten der Filialen geführt, die von den Filialen einlaufende Post geöffnet und ihrem Inhalt entsprechend auf die einzelnen Abteilungen der Zentrale, wie Wechsel-, Effekten-, Börsen-, Giroabteilung verteilt. Umgekehrt gelangen die für die Filialen bestimmten Briefe dieser Abteilungen in das Filialbureau, wo sie verbucht und an die Filialen versandt werden. Das Filialbureau dient somit der Sammlung der die Filialen betreffenden Geschäfte und der Geschäftsvermittlung zwischen den Filialen und den einzelnen Abteilungen der Zentrale. Dadurch, daß sich der gesamte Verkehr mit den Zweigstellen in dem Filialbureau konzentriert, ist diese auch als Kontrollorgan der Filialen sehr geeignet; denn hier wird die Berichterstattung der Zweigstellen gesichtet und gesammelt, und alle Fäden laufen hier zusammen. Wie sich die Kontrolle im einzelnen gestaltet, wird noch zu zeigen sein.

Die Depositenkassen verkehren in der Regel nicht direkt mit dem Filialbureau der Zentrale. Entweder sind sie einer Filiale unterstellt oder einer Depositenkassenzentrale[1]). Die Depositenkassenzentrale steht in Verrechnung mit der Zentrale. Sie vermittelt alle Geschäfte der Depositenkasse mit der Börse und mit fremden Banken über die Zentrale, übernimmt die Depotverwaltung der Depositenkassen, besorgt deren gesamten Wechsel-, Effekten- und Überweisungsverkehr und unterhält einen Kassenbestand, auf den die Depositenkassen zurückgreifen können. Das Rechnungswesen der Depositenkassen wird durch die Tätigkeit der Depositenkassenzentrale natürlich sehr vereinfacht. Diese ordnet alle Geschäfte, die bei ihr zusammenlaufen und leitet sie an die Hauptbank weiter. Selbstverständlich übt die Depositenkassenzentrale auch die gesamte Kontrolle der Depositenkassen aus. Ferner sammelt sie die Geschäftsergebnisse der Depositenkassen und vereinigt sie zu einer Gesamtbilanz, die der Hauptbilanz der gesamten Kreditbank einverleibt wird.

Im Prinzip ist also die Einrichtung der Depositenkassenzentrale die gleiche wie bei dem Filialbureau. Durch Errichtung dieser Stellen werden Sammelorgane geschaffen, die zugleich der Kontrolle dienen. Das Dazwischenschalten des Filialbureaus und der Depositenkassenzentrale wirkt in den Fällen, in denen die Entscheidung bei diesen Stellen liegt,

---

[1]) Wiernik, a. a. O. S. 147.

erleichternd und beschleunigend auf den Geschäftsverkehr der Filialen. Liegt jedoch die Entscheidung bei dem Gesamtvorstand oder gar bei dem Aufsichtsrat, so kann die Tatsache, daß der „Instanzenweg" um eine Stelle vermehrt ist, unter Umständen die Geschäftsabwicklung verzögern. Jedenfalls bietet die Errichtung dieser Sammel- und Kontrollorgane erhebliche Vorteile, die um so größer sind, je mehr Befugnisse diesen Stellen eingeräumt worden sind. Die meisten Kreditbanken haben daher das Filialbureau einem Vorstandsmitgliede unterstellt, das natürlich weitgehende Befugnisse in seinem Ressort besitzt.

Neben der Sammel- und Kontrolltätigkeit bearbeiten die Filialbureaus der Zentralen natürlich auch alle anderen die Filialen betreffenden Angelegenheiten. Insbesondere verfolgen sie die Entwicklungstendenz der Städte, um in aufstrebenden Orten frühzeitig neue Filialen zu errichten, ehe die Konkurrenz sich dort niedergelassen hat. Ferner sorgen sie für die Abrundung des Filialsystems; beispielsweise lösen sie kleinere Filialen von der übergeordneten Bezirksfiliale ab und gliedern sie einer anderen Großfiliale an, wenn sie in deren wirtschaftliches Interessengebiet gehören. Weiterhin bearbeiten sie die Statistiken, welche die Filialen betreffen.

C. Kontrolle durch die Zentrale.

Die Haupttätigkeit des Filialbureaus liegt auf dem Gebiet der Kontrolle. Die Kontrolle der Filialen erstreckt sich:

1. auf Ordnungsmäßigkeit und Richtigkeit des Rechnungswesens der Filialen,

2. auf die Zweckmäßigkeit der Geschäftsführung der Filialen.

Im Filialbureau ist eine Prüfung der Ordnungsmäßigkeit und Richtigkeit des Rechnungswesens der Filialen natürlich nur in beschränktem Maße möglich, da diese Kontrolle am besten in den Filialen selbst vorgenommen wird. In der Hauptsache beschränkt sich die Kontrolle des Filialbureaus auf die Zweckmäßigkeit der Geschäftsführung der Filialen.

Die Geschäftsführung der Filialen muß dauernd überwacht werden. Diese Überwachung fußt auf der Berichterstattung an die Zentrale. Wir haben gesehen, daß die Depositenkassen und unselbständigen Filialen Tagesbilanzen und Tagesberichte der übergeordneten Stelle einsenden, auf Grund deren der gesamte Geschäftsgang bis in alle Einzelheiten überwacht werden kann. Diese Kontrolle geht vielfach so weit, daß einzelne Bücher bei der übergeordneten Stelle mitgeführt werden. So berichtet beispielsweise Strauch[1]): „Bei der Zentrale wird für jede Filiale das Hauptbuch mitgeführt, die Einträge in dieses erfolgen aber da, unter Umgehung eines Sammelbuches, nach den täglich ein-

[1]) A. a. O. S. 326.

laufenden Preßkopien der Primanoten, nachdem diese nachaddiert und deren Tagesendsummen mit den Zahlen der von der Filiale eingelaufenen Tagesbilanz abgestimmt werden.“ Ein großer Teil der Buchführung der Filialen wird hier also bei der Zentrale nochmals geführt. Da es sich hier aber mehr um eine Kontrolle der Ordnungsmäßigkeit und Richtigkeit des Rechnungswesens der Filialen handelt, soll untenstehend eine Kritik dieser Einrichtungen gegeben werden. Jedenfalls ist festzuhalten, daß die Depositenkassen und kleinen Filialen auf Grund ihrer täglichen Berichterstattung einer eingehenden Kontrolle unterworfen sind, und daß sie vor Abschluß der meisten Geschäfte die Genehmigung der ihnen übergeordneten Stelle nachsuchen müssen. So z. B. müssen sie bei manchen Kreditbanken, wenn sie um Rückzahlungen von kündigungspflichtigen Depositenkonten ohne vorherige Kündigung gebeten werden, zuvor die Genehmigung der übergeordneten Stelle einholen, ebenso zur Diskontierung eines Wechsels, selbst wenn der Diskontierende ein Guthaben bei der Bank unterhält usw. Die Depositenkassen und kleinen Filialen sind in der Ausübung fast aller Geschäfte somit fast ganz unselbständig und von der Zustimmung der übergeordneten Stelle abhängig. Außerdem haben sie über fast jeden Geschäftsvorfall Bericht zu erstatten.

Die Kontrolle der selbständigen Filialen hinsichtlich ihrer Geschäftsführung fußt in der Regel auf Monats- oder Zweimonatsbilanzen, nebst den dazugehörigen Aufstellungen und Berichten. Die größeren Filialen sind zumeist in Ausübung der regelmäßig vorkommenden Geschäfte bis zu einem gewissen Grade selbständig, abgesehen von der Kreditgewährung. Bei ihnen handelt es sich also hauptsächlich um eine nachträgliche Kontrolle, während die übergeordneten Stellen der Depositenkassen und der kleinen Filialen auch vor Abschluß jedes Geschäftsvorfalles eine Prüfung vorzunehmen haben. Diese nachträgliche Kontrolle erstreckt sich besonders auf die Aktiva, sowie auf die umlaufenden Akzepte, auf die eigenen Ziehungen und auf die Bürgschaftsverpflichtungen der Filialen. Das Filialbureau hält darauf, daß die Kassenbestände der Zweigstellen und die Guthaben bei Noten- und Abrechnungsbanken weder zu hoch noch zu niedrig sind; es kontrolliert den Wechselbestand an Hand spezifizierter Aufstellungen. Es sorgt dafür, daß die Guthaben bei Banken und Bankfirmen nicht zu hoch sind, um eine Kapitalzersplitterung zu vermeiden, es überwacht den Effektenbestand der Filialen usw. Die Hauptprüfung erstreckt sich naturgemäß auf die erteilten Kredite. Es wird festgestellt, ob die gewährten Kredite nicht überzogen sind, ob genügende Deckungen vorhanden sind und ob die Belastung der Debitoren nicht zu hoch ist. Ferner wird geprüft, wie hoch sich die Akzeptverpflichtungen der einzelnen Filialen belaufen und woraus sie sich zusammensetzen, ob die Filialen auf Dritte gezogen haben und ob die Bürgschaftsverpflichtungen genügend gedeckt sind.

Es ist zu beachten, daß alle diese Kontrollmaßnahmen formeller Natur sind, da sie hauptsächlich auf den Monats- oder Zweimonatsbilanzen der Filialen basieren. Diese Bilanzen geben an sich ein gutes Bild von dem Status der Zweigstellen, besonders wenn die einzelnen Posten, wie das überall üblich ist, durch besondere Aufstellungen wie Depositen-, Wechsel-, Effekten-, Akzept-, Debitorenaufstellungen mit Verzeichnis der Sicherheiten usw. spezifiziert werden. Trotzdem besagen ihre Ziffern nichts über die Qualität der einzelnen Posten, sie sind eben nur quantitativ zu werten. Die materielle Prüfung der einzelnen Posten liegt daher meistens nicht dem Filialbureau ob, sondern sie ist anderen Organen übertragen, wie z. B. der Kreditkommission des Aufsichtsrats, den größeren Filialen zugeteilten Ausschüssen, Revisionsdirektoren und besonderen Vertrauensleuten.

Die oben beschriebene Prüfung durch das Filialbureau, wie auch durch besondere Organe, bezieht sich besonders auf die Zweckmäßigkeit der Geschäftsführung der Filialleiter; d. h. es wird hier kontrolliert, ob die Filialleiter gemäß ihrer Dienstordnung gehandelt, ob sie die Einzelvorschriften der Zentrale befolgt haben, ob ihre Geschäftsführung zweckmäßig und erfolgreich gewesen ist. Wenn sich irgendwelche Mängel zeigen, werden die Filialleiter hiervon benachrichtigt und angewiesen, diese Mängel abzustellen. Sind größere Verluste entstanden, so wird die Leitung der betreffenden Filiale neu besetzt und im Falle eines Verstoßes gegen die Dienstvorschriften werden die Filialleiter für den entstandenen Schaden haftbar gemacht. Im Allgemeinen gehen die deutschen Kreditbanken bei der Entfernung unfähiger Filialleiter jedoch schonender vor, als dies beispielsweise bei den französischen Depositenbanken geschieht. Sehr beliebt ist das „Wegloben" nicht brauchbarer Beamten in einträgliche Stellen der Industrie oder des Handels als „Beiräte" oder dgl.

Neben der Kontrolle der Geschäftsführung der Filialen muß natürlich auch das Rechnungswesen der Zweigstellen auf Ordnungsmäßigkeit und Richtigkeit geprüft werden. Bei den Depositenkassen und kleineren Filialen geschieht diese Kontrolle, wie wir gesehen haben, durch die übergeordnete Stelle, indem diese einen großen Teil der Bücher mitführt. In der Regel werden die Bücher bei der Kontrollstelle auf Grund der Originalein- und Auszahlungsbelege und der Preßkopien der Primanoten gebucht. Von Zeit zu Zeit werden diese Bücher mit den entsprechenden Büchern der Depositenkasse oder Filiale abgestimmt. Die Vorteile dieser Kontrolle liegen darin, daß sie sofort stattfindet, daß sie lückenlos ist, d. h. sich nicht auf Stichproben beschränkt, daß sie dauernd ist und daß sie auf die Urbelege zurückgreift. Diesen Vorteilen stehen die

Kosten der Mehrarbeit gegenüber, die bei dieser Kontrolle notwendig ist. Ein Beispiel mag diese Mehrarbeit veranschaulichen. L. Freiherr von Schrötter[1]) beschreibt den Einzahlungsvorgang auf Depositenkonto bei einer Depositenkasse ungefähr folgendermaßen: Der Kunde füllt einen vorgeschriebenen Einlieferungszettel für Zahlungen aus. Auf Grund dieses Einzahlungsbelegs werden dann zwei Souchen ausgeschrieben, von denen die eine als Kassenbeleg, die andere als Buchhaltungsbeleg dient. Quittung erhält der Kunde in seinem Depositenkontobuch. Der Einlieferungszettel wird der Zentrale eingereicht, die hiernach die entsprechende Buchung vornimmt.

Wenn man bedenkt, daß bei Einzahlungen durch Wertbrief Abschrift des Begleitbriefes angefertigt werden muß, daß für eine Einzahlung drei Formulare ausgefüllt und eine Quittung geleistet werden müssen, daß dieser Vorgang in der Depositenkasse schon mehrfach buchmäßig festgehalten wird, und dann noch die Zentrale beschäftigt, scheint dieses Kontrollsystem sehr unwirtschaftlich zu sein. Und in der Tat erfordert es für die einfachsten Vorgänge ein Höchstmaß an Arbeitsaufwand, abgesehen von den sonstigen Schäden, die eine solch bureaukratische Behandlung der Geschäftsvorfälle im Verkehr mit den Kunden noch zur Folge hat.

Den größeren Filialen hat man daher die Kontrolle der Richtigkeit der Buchführung, d. h. die Kontrolle hinsichtlich Fehler und Veruntreuungen selbst überlassen. Die Filialleiter sind für die ordnungsmäßige Buchführung ihrer Zweigstelle verantwortlich. Sie sollen daher die Kontrolleinrichtungen so bemessen, wie es nach der Größe der betreffenden Filiale notwendig erscheint. Das System der doppelten Buchführung bietet schon eine gewisse automatische Kontrolle, indem jeder Vorfall mehrfach registriert wird. Wenn verschiedene Personen an dieser mehrmaligen Registrierung beteiligt sind, wie dies bei Banken immer der Fall ist, entsteht zugleich auch eine persönliche Kontrolle.

Es liegt nun nahe, diese persönliche Kontrolle noch dahin auszudehnen, daß man häufig und plötzlich die Beamten der einzelnen Abteilungen miteinander wechseln läßt, und daß man die Beamten zwingt, jedes Jahr ihren Urlaub zu nehmen. Während bei den englischen Depositenbanken diese Kontrolle mit Vorliebe angewandt wird, findet man sie bei den deutschen Kreditbanken kaum. Man verzichtet in Deutschland auf diese an sich gute Kontrolle wohl in der Erwägung, daß ein häufiger Wechsel der Beamten vom Publikum unangenehm empfunden wird; man stellt also hier den kaufmännischen Gesichtspunkt über den verwaltungstechnischen.

---

[1]) A. a. O. S. 417ff.

Einzahlungen bei größeren Filialen werden — um dasselbe Beispiel wie oben anzuwenden — meist so behandelt, daß nach dem Einlieferungszettel die Quittung ausgestellt wird und die Buchungen, wenigstens in der Kasse, vorgenommen werden. Wenn dann von einem ständig bei der Filiale angestellten Revisionsbeamten am nächsten Tage die Urbelege mit den Buchungen in den Grundbüchern und die Posten in den Grundbüchern mit den Beträgen in den Hilfsbüchern verglichen werden, ist diese Kontrolle wohl auch so gut wie die oben beschriebene Kontrolle durch die Zentrale. Man sollte also die interne Kontrolle den Filialen selbst überlassen. Natürlich müssen die Kontrolleinrichtungen bei den einzelnen Zweigstellen je nach deren Größe und Eigenart verschieden beschaffen sein. Es ist die Aufgabe der inneren Organisation, die Kontrolleinrichtungen ausreichend und wirtschaftlich zu gestalten.

Sehr bewährt hat sich die Einrichtung einer eigenen Revisionsabteilung bei jeder größeren Filiale, welche die Aufgabe hat, direkt am anderen Tage die Geschäftsvorfälle an Hand der Originalbelege auf ihre ordnungsmäßige Behandlung hin zu prüfen. Diese Abteilung bearbeitet meist auch die Reklamationen der Kunden.

Natürlich braucht sich die Zentrale mit dieser Kontrolle nicht zu begnügen. Von Zeit zu Zeit läßt sie Revisionen in den Filialen vornehmen. Bei fast allen Kreditbanken besteht eine besondere Revisionskommission des Aufsichtsrats, die in unbestimmten Zeitabständen auch in den Zweigstellen Revisionen veranstaltet. Außerdem werden die Halbjahresbilanzen der Filialen geprüft, sei es von eigenen fest angestellten Revisoren der Zentrale, sei es von Treuhandgesellschaften, die vielfach von Kreditbanken gegründet werden. Bisweilen besuchen auch einzelne Vorstandsmitglieder die Filialen, um plötzliche Revisionen in Form von Stichproben vorzunehmen, indem sie einzelne Bestände, wie z. B. Kassen-, Wechsel-, Effektenbestände, die Depots usw. nachprüfen. Hierhin gehört auch die Kontrolle der Kontokorrent- und Depotanerkenntnisse. Bei kleineren Kreditbanken müssen die Filialen jedes halbe Jahr die Kontokorrent- und Depotauszüge mit den Anerkenntnisformularen der Zentrale einsenden. Diese versendet sie an die Kunden und läßt sich die unterschriebenen Anerkenntnisse zuschicken. Auf diese Weise hat sie dann eine Kontrolle, ob die einzelnen Konten alle in Ordnung sind. Größere Kreditbanken überlassen die Kontrolle der Kontokorrent- und Depotanerkenntnisse in der Regel den Filialen selbst, die dann von der Revisionsabteilung oder dem Sekretariat besorgt wird.

Die Kontrolle der französischen Depositenbankfilialen ist bedeutend strenger als die der deutschen Kreditbanken. Unterschlagungen sind dort zwar auch nicht ausgeschlossen, sie erreichen aber selten die Höhe der Unterschlagungen, wie sie in Deutschland vorkommen, weil sie dank des starren zentralistischen Kontrollsystems nicht lange Zeit durchgeführt werden können. Man darf aber nicht vergessen, daß es sich dort um Depositenbanken handelt, die nur wenige, verhältnismäßig leicht zu kontrollierende Geschäfte ausüben. Daher sind die Organisationsfragen dort viel einfacher; dem Ausbau des Kontrollsystems stehen kaum kaufmännische Erwägungen entgegen. Ein Vergleich der Kontrollmaßnahmen von Depositenbanken und Kreditbanken hat daher nur geringen Wert, weil eben andersartige Dinge sich nicht vergleichen lassen.

Die größten Schwierigkeiten des Filialsystems der deutschen Kreditbanken liegen auf diesem Gebiet der Kontrolle. Im großen und ganzen ist die Überwachung der Geschäftsführung der Filialen auf Grund monatlicher Bilanzen und Berichte ausreichend. Eine absolut sichere Kontrolle gibt es nicht; oftmals sind es gerade die mit einem besonders ausgedehnten Kontrollapparat ausgerüsteten Kreditbanken gewesen, bei denen die größten Unterschlagungen vorgekommen sind. Immerhin ist ein gutausgebautes Kontrollsystem eine Lebensfrage des Filialwesens der Kreditbanken.

Zum Zwecke der Unterteilung der Kontrollen sind die Großbanken schon seit längerer Zeit dazu übergegangen, sog. Bezirksfilialen zu errichten, denen die in einem bestimmten Bezirk befindlichen Zweigstellen untergeordnet sind. Diesen Bezirksfilialen ist die Kontrolle der untergeordneten Filialen übertragen worden; sie sind damit gewissermaßen zur Zentrale für diese Zweigstellen geworden, die ihrerseits zum Teil wieder Zentralen für Depositenkassen und kleinere Filialen sind. Die Grundzüge des Filialbetriebs bleiben also unverändert. Nur der Schwerpunkt hat sich von der Hauptbank etwas auf die Bezirksfilialen verschoben. Trotzdem laufen letzten Endes alle Fäden in der Hauptbank zusammen.

V. Zusammenfassung.

Die zur Zeit weitaus gebräuchlichste Dezentralisationsform der deutschen Kreditbanken ist die Begründung eines Filialsystems. Für die Stellung einer Filiale innerhalb dieses Filialsystems ist ihre Kapitalausstattung von großer Bedeutung. Will man einer Filiale eine gewisse Selbständigkeit einräumen, so gibt man ihr ein festes Eigenkapital; Ausstattung nur mit Kredit bedeutet dagegen Unselbständigkeit, die so weit getrieben werden kann, daß man manche kleinen Zweigstellen nur noch als Außenbureaus der übergeordneten Stellen ansprechen kann. Der Umfang der Selbständigkeit der Filialen ist jedoch bei den verschiedenen Kreditbanken verschieden gestaltet. Auch innerhalb einer Kreditbank ist die Selbständigkeit der eigenen Filialen keineswegs gleich groß. Man unterscheidet nach dem Grade der Selbständigkeit zweckmäßig:

Groß- oder Bezirksfilialen (nur bei Großbanken),
größere Filialen,

mittlere Filialen,
kleine Filialen und Depositenkassen.

Da der Grad der Selbständigkeit nicht immer ohne weiteres erkennbar ist, ist es häufig schwierig, die einzelnen Filialen immer richtig in eine dieser Kategorien einzureihen.

Die Leiter der Filialen sind in der Regel Prokuristen. Nach außen vertreten sie die Kreditbank unbeschränkt; im Innenverhältnis sind sie jedoch an die Vorschriften der Zentrale gebunden, die nach der Individualität einer jeden Kreditbank und nach der Größe der Filiale mehr oder weniger streng sind. Einerseits erfordert der Kampf um den Kunden eine gewisse Selbständigkeit der Filialen, andererseits ist hinsichtlich einer einheitlichen Geschäftspolitik und aus Angst vor betrügerischen und unfähigen Filialleitern eine scharfe innere Bindung erwünscht. Da diesbezügliche Vorschriften der Zentrale Dritten gegenüber, soweit die Filialleiter Prokuristen sind, unwirksam sind, ist die Notwendigkeit einer dauernden Überwachung der Geschäftsführung der Filialen gegeben, obwohl bei allen Kreditbanken nach dem Prinzip der persönlichen Risikoverteilung die Gefahr einer leichtsinnigen oder betrügerischen Geschäftsführung dadurch gemindert ist, daß die Leitung in den Händen zweier Filialleiter liegt, die die Geschäfte auf kollegialer Grundlage führen.

Die innere Bindung der Filialleiter äußert sich in der Organisation des Rechnungswesens der Filialen. Aus Gründen der Kontrolle und der Erleichterung des internen Verrechnungsverkehrs wird vielfach eine Vereinheitlichung des gesamten Rechnungswesens aller Filialen einer Kreditbank erstrebt. Diese Schematisierung ist nicht ohne Nachteile.

Nach der Erörterung der wichtigsten Fragen der Filialeinrichtungen wurde das Verhältnis der Filialen zur Zentrale hauptsächlich vom Standpunkt der Zweigniederlassungen aus betrachtet. Das Aufbausystem ist im Prinzip bei allen Kreditbanken das gleiche, wenn auch die Filialorganisation der Großbanken durch das Dazwischenschalten der Bezirksfilialen ein Stockwerk mehr aufweist. (Der Filialaufbau der Reichsbank ist ähnlich gestaltet wie bei den Kreditbanken.) Bei der Geldbeschaffung und der Geldverwertung nehmen die Filialen in weitgehender Weise die Zentrale in Anspruch. Die Zentrale sucht die freien Gelder der Filialen bei sich zu vereinigen, wodurch sie andererseits auch für die Geldbeschaffung der Filialen Sorge zu tragen hat. Auch im Überweisungsverkehr ist die Vermittlungstätigkeit der Zentrale für die Filialen sehr weitgehend. Die Zentrale übt eine Sammeltätigkeit aus, die sie zugleich zu einem hervorragenden Kontrollorgan befähigt. Zwar hat die Vermittlungstätigkeit der Zentrale im Überweisungsverkehr auch einige Nachteile zur Folge, die besonders in einer Schematisierung der banktechnischen Arbeit und einer Vermehrung der Fehlerquellen bestehen; für die Filialen bedeutet sie aber eine große Entlastung und Vereinfachung des Geschäftsverkehrs. Im Wechsel-, Scheck-, Devisen- und Couponverkehr vollzieht sich die Mitwirkung der Zentrale in ähnlicher Weise wie beim Überweisungsverkehr; sie ist auch hier sehr weitgehend. Die Vermittlungstätigkeit der Zentrale in all diesen Geschäften ist infolge der Vereinfachung des Geschäftsganges, der Ersparnis an Zinsen und Kosten für das Gesamtinstitut natürlich nur von Vorteil, wenn die Mitwirkung der Zentrale nicht übertrieben wird; die Verzögerung des Geschäftsganges und eine allzu große Schematisierung der banktechnischen Arbeit können leicht die Vorteile überwiegen.

Die Gestaltung des Rechnungsverhältnisses der Filialen zur Zentrale ist sowohl für die Geschäftspolitik der Filialen, als auch für die Berechnung ihrer Rentabilität von Bedeutung. Eine geschickte Zinspolitik ist ein vorzügliches Mittel, die Filialen zu einer einheitlichen Geschäftspolitik anzuhalten, ohne durch das gröbere Mittel der direkten Vorschriften Zwang anzuwenden. Die Filialen stellen eine eigene Gewinn- und Verlustrechnung auf. Aus dieser ist jedoch nur eine Art Bruttogewinn ersichtlich, da Steuern, Tantiemen usw. zum Teil von der Zentrale verrechnet werden. Im übrigen wird die Gewinnverrechnung bei den einzelnen Kreditbanken verschieden gehandhabt.

Das Verhältnis der Filialen zur Kundschaft ist äußerlich durch die allgemeinen Geschäftsbedingungen gekennzeichnet. Aus ihnen läßt sich jedoch kein Urteil über die Selbständigkeit der Filialen im Verkehr mit den Kunden fällen. Vielmehr ist entscheidend, welche tatsächlichen Befugnisse die Filialen in Ausübung der einzelnen Geschäfte haben. Hier stehen sich zwei gegensätzliche Forderungen gegenüber: Selbständigkeit der Filialen aus kaufmännischen Gründen und Bindung nach innen aus verwaltungstechnischen Gründen. In der Regelung dieses Gegensatzes zeigt sich zugleich die Individualität jeder Kreditbank; denn die Grenze zwischen beiden Forderungen ist fast bei jeder Kreditbank verschieden gezogen. Überall begegnet man Abstufungen in der Selbständigkeit der Filialen: größeren Filialen sind erweiterte Befugnisse, kleineren nur beschränkte Selbständigkeit eingeräumt.

Die Filialen sind Glieder eines großen Ganzen: der Kreditbank. Daher müssen sie zu einem Organismus zusammengefaßt werden, der von einer Stelle aus in Gang gehalten wird. Diese Aufgabe fällt der Zentrale, dem Hirn der Kreditbank zu. Bei ihr laufen alle Fäden zusammen; sie übt die Kontrolle auf Grund der Berichterstattung aus und sorgt für eine einheitliche Geschäftspolitik. Auch in der Berichterstattung und in der Kontrolle sind Abstufungen insofern zu bemerken, als kleinere Filialen und Depositenkassen täglicher

Berichterstattung und täglicher Überwachung aller einzelnen Geschäfte unterworfen sind, während größere Filialen in der Regel nur monatlich Bericht erstatten und nur hinsichtlich ihrer Geschäftsführung von der Zentrale überwacht werden. Die Ausübung einer täglichen Kontrolle von der übergeordneten Stelle aus ist an sich gut; sie erfordert aber erhebliche Mehrarbeit und kann eine unliebsame Verzögerung des Geschäftsverkehrs zur Folge haben. Im übrigen ist zu unterscheiden zwischen den eigentlichen Filialen (größeren und mittleren Filialen) und den Depositenkassen (einschl. der kleineren Filialen). Die eigentlichen Filialen sind in der Regel mit einem festen eigenen Kapital ausgestattet. Ihre Leiter sind in Ausübung der Geschäfte im allgemeinen selbständig; spekulative Geschäfte, wie z. B. Effektenkäufe für eigene Rechnung, sind ihnen jedoch verboten, zur Gewährung von Krediten bedürfen sie der vorherigen Genehmigung der Zentrale, abgesehen von Effektenlombardierungen. Die eigentlichen Filialen verkehren direkt mit der Zentrale und mit fremden Banken. Sie werden von der Zentrale auf Grund monatlicher Bilanzen nebst ergänzenden Berichten hinsichtlich ihrer Geschäftsführung kontrolliert. Für die Ordnungsmäßigkeit und Richtigkeit des Rechnungswesens der Filiale sind die Filialleiter selbst verantwortlich. Außerdem finden Revisionen von Mitgliedern des Vorstandes und des Aufsichtsrats, von Berufsrevisoren und von besonderen Vertrauensleuten bei den Filialen statt. Die Depositenkassen sind nur mit Kredit ausgestattet. Ihre Leiter bedürfen in Ausübung der Geschäfte der vorherigen Genehmigung der übergeordneten Stelle. Diese Stelle vermittelt auch den gesamten Verkehr der Depositenkassen mit der Zentrale, mit den Schwesteranstalten und mit fremden Banken. Sie kontrolliert ferner die Depositenkassen auf Grund eingehender täglicher Berichterstattung hinsichtlich der Richtigkeit und Ordnungsmäßigkeit der Buchführung und der Zweckmäßigkeit der Geschäftsführung.

Der Ausbau des Filialnetzes scheint bei den deutschen Kreditbanken noch nicht beendet zu sein, wenn auch die neuesten Geschäftsberichte von einer Abrundung sprechen: Je ausgedehnter aber das Filialsystem wird, desto mehr neigt sich der Sieg dem dezentralistischen Prinzip zu. Voraussetzung dieses Prinzips ist die richtige Auswahl der Filialleiter. Hier liegen die Grenzen der Dezentralisation; denn trotz sorgfältigster Auswahl der Filialleiter und trotz des Prinzips der persönlichen Risikoverteilung besteht die Möglichkeit, daß ein Betrüger oder Phantast an verantwortlicher Stelle der Bank großen Schaden zufügen kann. Die gewaltige Ausdehnung der deutschen Kreditbanken ist nicht ganz unbedenklich. Die Errichtung von Filialen hat einen gewissen Beschäftigungsgrad zur Voraussetzung, wenn die Gründung rentabel sein soll. Ob dieser Beschäftigungsgrad in späteren

Jahren immer erreicht wird, ist zum mindesten zweifelhaft bei der Konkurrenz der Kreditbankfilialen untereinander und mit den zahlreichen Privatbankgeschäften. Ferner ist zu bedenken, daß ein ausgedehntes Filialnetz unter dem Gesichtspunkt des reinen Kostensatzes als Nachteil zu betrachten ist, und daß dieser Nachteil sich gerade in Zeiten der Depression fühlbar machen wird. Hierüber sagt der Jahresbericht des Barmer Bank-Vereins für 1920: „Es darf jedoch nicht übersehen werden, daß die ungeheure Steigerung des Unkostenkontos in weniger günstigen Jahren für das gesamte Bankgewerbe verhängnisvoll werden kann.“ Außerdem sind die Kreditbanken leicht geneigt, bei scharfem Wettbewerb mit anderen Banken ihre Anforderungen an die Qualität der Kunden herabzusetzen, d. h. sie werden auch minder gute Kunden suchen. Der Hauptantrieb zur Filialgründung scheint darin zu liegen, „daß sich heute sehr viele Zweigstellen bereits selbst tragen, während man früher mit mehreren Jahren rechnete, bis sie sich rentierten“[1]). Sehr bedenklich ist aber auch die Tatsache, daß durch die Einstellung ungelernter Kräfte die Kontrolle erschwert wird, daß die Sicherheit gegen Veruntreuungen immer mehr abnimmt[1]).

Von größter Bedeutung für die Zukunft des Filialbetriebs der deutschen Kreditbanken ist — wie schon des öfteren betont — die Auswahl der Filialleiter. Die Ausübung der Geschäfte einer Kreditbankfiliale kann nicht zur Routine werden wie bei den reinen Depositenbanken; sie erfordert Selbständigkeit und Initiative. Die Voraussetzungen für die Selbständigkeit der Filialen sind aber vor allem unbedingte Vertrauenswürdigkeit und Befähigung ihrer Leiter, denen die innere Organisation und die innere Kontrolle überlassen werden und die in Ausübung der Filialgeschäfte genügende Bewegungsfreiheit besitzen müssen. Der Zentrale bleibt dann noch die Sorge für eine einheitliche Geschäftspolitik und für die damit zusammenhängende Kontrolle der Filialleiter hinsichtlich deren Geschäftsführung.

[1]) Die Großbanken im Jahre 1920 (Köln. Ztg. Nr. 1039, 1040, 1043 vom 12. 12. und 13. 12. 1920).

GPSR Compliance

The European Union's (EU) General Product Safety Regulation (GPSR) is a set of rules that requires consumer products to be safe and our obligations to ensure this.

If you have any concerns about our products, you can contact us on ProductSafety@springernature.com

In case Publisher is established outside the EU, the EU authorized representative is:

Springer Nature Customer Service Center GmbH
Europaplatz 3
69115 Heidelberg, Germany

Batch number: 10844655

Printed by Printforce, the Netherlands